# 商用字彙

## 分書

文史哲出版社
印行

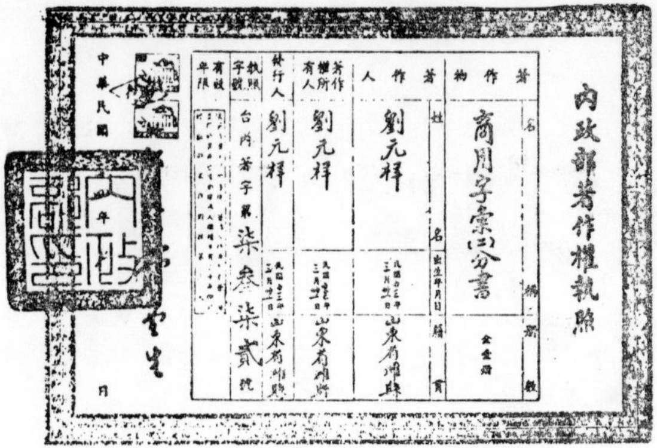


# 商用字彙


寫作人：劉　元　祥
出版者：文　史　哲　出　版　社
登記證字號：行政院新聞局局版臺業字〇七五五號
發行所：文　史　哲　出　版　社
印刷者：文　史　哲　出　版　社
台北市羅斯福路一段七十二巷四號
郵撥〇五一二八八一二彭正雄帳戶
電話：三五一一〇二八

實價新台幣　700　元

中華民國八十年四月再版





ISBN 957-547-040-0

# 檢字表

## 一畫

頁數

一 二三三　乙 二三四

## 二畫

人 三六　刁 五九　刀 六八　丁 八九　几 一一八　乃 一三四　了 一四五　九 一六一　二 一七六　又 二一九　卜 二二六　七 二三三　八 二三九　力 二五二　十 二五五　入 二六一

## 三畫

弓 二　工 四　尸 一四　于 二三　叉 三十　才 三四　巾 三八　干 四七　丸 四八　千 五一　山 五一　川 五七　么 六一　大 七五　亡 八十　凡 一一三　己 一二〇　子 一二二　士 一二二　女 一二五　土 一二八　小 一四五　下 一五〇　也 一五〇　丈 一五四　上 一五五　久 一六一　口 一六三　双 一九八　万 二〇一　寸 二〇二　兀 二三八　孑 二四三　夕 二五〇　三 二六一　乞 二六一　勺 二六一　亇 二八九

## 四畫

中 一　公 四　公 四　双 八　氏 九　支 九　之 一六　予 二一　毋 二三　夫 三五　仁 三六　屯 三九　文 四十　匀 四十　分 四一　斤 四二　元 四三　反 四四　丹 四六　天 五二　爻 六五　毛 六八　戈 七一　牙 七五　巴 七五　方 七八　王 八二　升 九七　仍 九七　尤 一〇〇　牛 一〇一　不 一〇二　仇 一〇二　勾 一〇五　心 一〇七　今 一〇八　孔 一一六　水 一一九　凶 一一九　止 一二〇　父 一二四　与 一二四　午 一三〇　五 一三〇　戶 一三一　引 一三六　允 一三七　尹 一三七　云 一三八　犬 一四三　少 一四五　爪 一四六　火 一四九　井 一五八　丑 一六〇　友 一六〇　手 一六一　斗 一六四　比 一七六　互 一八五　丐 一九二　太 一九二　介 一九三　內 一九六　幻 二〇六　片 二〇八　弔 二一〇　化 二一五　仆 二二二　欠 二二五　木 二二六　六 二二七　日 二三二　匹 二三三　壬 二三四　勿 二三五　曰 二三六　月 二三六　切 二三九　尺 二四九　仄 二五四　廿 二五六　什 二五六　卅 二五八　及 二五八　丰 二八九　爻 二八九　卞 二八九

## 五畫

仝 一　功 四　多 五　皮 十　匆 十　台 一六　丕 一六　司 一七　仔 一八　奴 二七　申 三六　民 三八　刋 三八　仟 四八　田 五一　仙 五三　玄 五四　包 五四　禾 六六　瓜 七二　央 七四　平 八二　生 八七　兄 八八　令 八八　正 九二　汀 九二　且 九五　弘 九五　由 九八　丘 一〇一　矛 一〇二　四 一〇三　甘 一〇三　冉 一一〇　占 一一一　只 一一一　宂 一一五　矢 一一九　以 一一九　市 一二〇　卡 一二〇　史 一二一　仕 一二一　巨 一二二　去 一二五　主 一二六　古 一二八　本 一二九　巧 一二九　卯 一四六　左 一四八　疋 一五〇　瓦 一五一　仗 一五四　氷 一五四　永 一五六　丙 一五六　打 一五七　皿 一五七　右 一六〇　叩 一六三　母 一六四　他 一六七　犯 一六八　用 一七〇　四 一七六　出 一七七　示 一七七　未 一七九　付 一八一　句 一八二　布 一八六　世 一九一　外 一九三　扒 一九五　代 一九六　旦 二〇三　半 二〇五　甲 二〇九　叫 二一〇　号 二一一　乍 二一四　凸 三一九　戊 二二二　幼 二二三　目 二二九　玉 二二九　失 二三三　出 二三四　必 二三四　弗 二三五　乎 二三五　末 二三八　穴 二四〇　册 二四三　白 二四六　石 二四九　北 二五五　汁 二五六　立 二五七　匝 二五八　凹 二六〇　叶 二六〇　乏 二六〇　尼 二六一　札 二六一　召 二六一　奶 二六二　可 二六二　孕 二六二　另 二六三　加 二六三　叭 二八九　奶 二八九　它 二八九

## 六畫

同 一　戎 二　汎 三　充 三　共 八　江 八　夷 一三　池 一三　危 一三　她 一四　而 一七　妃 一九　衣 二十　圳 二十　污 二三　如 二三　朱 二四　列 二四　西 二九　回 三二　灰 三二　因 三五　臣 三六　份 三八　旬 三九　巡 四十　存 四五　汗 四六　安 四七　奸 五十　先 五一　年 五三　全 五六　交 六五　多 六九　匡 八二　光 八三　行 八五　名 九二　刑 九三　冰 九六　舟 一〇一　收 一〇一　休 一〇二　州 一〇二　牟 一〇三　任 一〇六　尖 一一二　帆 一一三　此 一一六　件 一一七　旨 一一七　弛 一一七　死 一一九　机 一一九

汜 一二一　耳 一二一　虫 一二三　羽 一二六　宇 一二七　迂 一二八　伍 一三〇　札 一三一　米 一三二　亥 一三四　在 一三五　汕 一四二　兆 一四五　老 一四六　早 一四七　好 一四七　朵 一四八　奼 一五二　仰 一五三　仿 一五四　朽 一六〇　有 一六〇　缶 一六一　守 一六一　臼 一六二　扣 一六三　后 一六四　仲 一六九　伎 一七一　企 一七二　至 一七三　次 一七六　自 一七七　地 一七七　字 一七八　吏 一七八　寺 一七八　卉 一八〇　戌 一八二　吐 一八五　汗 一八六　曳 一九〇　艾 一九二

冲 一九七　再 一九七　印 一九九　亘 二〇五　匠 二一六　向 二一六　伏 二二七　竹 二二八　夙 二二九　曲 二三〇　旭 二三〇　吉 二三三　丟 二三五　伐 二三六　迄 二三六　舌 二三九　血 二四〇　丞 二四一　劣 二四二　宅 二四七　亦 二四九　汐 二五〇　式 二五三　色 二五四　合 二五七　划 二六一　攷 二六一　各 二六一　羊 二六一　朴 二六二　忙 二六二　托 二六二　吊 二六三　伙 二六三　时 二六三　庄 二六三　百 二六三　考 二六三　阡 二六三　肉 二六三　肌 二六三　伊 二六四　吃 二八九

互 二八九　匈 二八九　圭 二八九　妄 二八九　兇 二九〇　冲 二九〇

七畫

沖 一　攻 四　邦 八　肛 九　技 九　岐 十　吹 一一　妓 一二　私 一四　利 一四　希 二十　余 二一　車 二一　巫 二三　孚 二五　扶 二五　吾 二七　吳 二七　低 二九　材 三四　災 三四　辛 三五　辰 三五　伸 三六　身 三六　均 四十　汾 四一　君 四二　言 四四　村 四五　吞 四六　但 四七　完 四八　肝 四八　冊 五十

杆 五一　佃 五三　延 五五　杓 六三　妖 六四　抄 六六　岑 六七　牢 六七　何 七十　那 七十　佗 七十　邪 七三　伽 七三　吾 七五　沙 七五　吧 七五　良 七六　些 七六　防 七八　芒 七九　床 八十　狂 八二　汪 八四　更 八五　坑 八六　亨 八七　兵 八八　迎 八八　宏 八九　呈 九一　成 九一　形 九三　迅 九四　伶 九四　廷 九四　町 九五　冷 九五　求 一〇三　投 一〇四　沈 一〇六　沉 一〇六　吟 一〇七　忱 一〇七

含 一〇八　男 一〇八　杉 一一二　佔 一一二　玖 一一三　作 一一五　刨 一一六　豕 一一七　妣 一一八　似 一二〇　址 一二〇　否 一二〇　李 一二一　里 一二一　尾 一二二　杞 一二二　呂 一二四　序 一二六　甫 一二七　迂 一二八　肚 一二九　杜 一二九　努 一三〇　孝 一三二　改 一三四　忍 一三五　你 一三七　吻 一三七　阪 一三八　阮 一三八　究 一三八　坍 一四〇　卵 一四〇　佑 一四〇　旱 一四〇　伴 一四一　兎 一四五　坐 一四八　妥 一四八　我 一四八　治 一五〇　把 一五一　伯 一五四

杖 一五五　杏 一五七　灶 一五八　每 一五九　肘 一六〇　妙 一六一　酉 一六二　走 一六三　吼 一六三　牡 一六四　弄 一六九　宋 一七〇　位 一七三　汽 一七五　志 一七七　庇 一八〇　助 一八一　住 一八二　妒 一八四　步 一八七　佈 一八七　系 一八八　弟 一八八　貝 一九二　兌 一九三　戒 一九四　快 一九五　迅 一九八　吝 一九八　困 二〇二　判 二〇五　串 二〇六　見 二〇七　甸 二〇七　肖 二一〇　尿 二一〇　告 二一一　佐 二一三　匣 二一四　壯 二一七　灸 二一九　秀 二二一　豆 二二二

沁 二二三　谷 二二五　角 二二六　沐 二二七　沃 二二九　足 二三〇　束 二三〇　局 二三〇　迄 二三六　佛 二三六　沒 二三七　決 二四〇　抗 二四一　別 二四二　折 二四二　呆 二四八　赤 二四九　役 二五〇　狄 二五一　估 二五二　抑 二五三　即 二五四　克 二五五　吸 二五七　邑 二五七　圾 二六二　灼 二六二　夾 二六三　佇 二六四　罕 二六四　汰 二六四　妊 二六四　忘 二六四　疔 二六四　忌 二六六　妨 二七〇　迄 二七二　皀 二七四　汞 二七六　吵 二九〇　找 二九〇　批 二九〇　坊 二九〇

囤 二九〇　吠 二九〇　佣 二九〇

八畫

東 一　忠 一　空 三　宗 五　松 六　供 八　枝 九　宜 十　披 十一　奇 十一　垂 十一　肢 十一　委 十一　卑 一二　兒 一二　知 一三　呢 一四　芝 一六　其 一七　治 一八　居 一八　初 二〇　肥 二十　非 二十　依 二一　於 二二　坩 二五　芙 二五　姑 二六　孤 二六　狐 二六　炉 二七　呼 二七　妻 二九　佳 三十　泥 三十　乖 三一　玫 三二

杯 三三　來 三四　岷 三八　侖 三九　帘 四十　氛 四一　芸 四一　欣 四二　芬 四二　宛 四四　坤 四五　門 四五　昆 四五　昏 四六　官 四九　弦 五二　肩 五二　迢 五九　肴 六四　招 六四　庖 六六　泡 六六　拋 六六　河 七一　阿 七一　坡 七二　和 七二　波 七二　花 七四　杷 七六　晝 七六　爬 七六　昌 七八　房 七八　長 七九　抱 八一　芳 八二　岡 八三　庚 八五　杭 八五　盲 八六　昂 八六　明 八七
京 八七　侃 八九　泓 九十　爭 九十　征 九一　弁 九二　青 九二　法 九二　承 九六　昇 九七　朋 九八　肱 九九　油 一〇〇　抽 一〇一　周 一〇一　邱 一〇二　枕 一〇六　林 一〇六　金 一〇七　函 一〇九　沾 一一一　咖 一一一　炎 一一二　拈 一一三　岩 一一三　奉 一一四　抵 一一五　佰 一一六　彼 一一六　侈 一一七　兒 一一八　底 一一八　祀 一二〇　使 一二一　始 一二二　阻 一二五　拒 一二五　所 一二五　雨 一二六　斧 一二七　府 一二七　武 一二七　取 一二八
乳 一二八　股 一二九　虎 一三〇　邸 一三二　采 一三五　卷 一三九　矸 一四〇　版 一四二　板 一四三　典 一四三　果 一四八　拇 一四九　爸 一四九　社 一五一　舍 一五一　姐 一五一　享 一五三　兩 一五三　往 一五四　柱 一五五　罔 一五五　秉 一五六　返 一五七　幸 一五七　並 一五九　肯 一六〇　阜 一六一　帚 一六二　受 一六二　咎 一六二　狗 一六三　姍 一六三　況 一六五　糾 一六五　參 一六五　奄 一六七　忝 一六七　旺 一七二　泌 一七四　季 一七六　泗 一七六　怡 一七七　事 一七八
侍 一七九　妮 一七九　味 一八〇　注 一八二　附 一八二　抬 一八二　具 一八三　兔 一八四　固 一八五　怖 一八六　制 一九〇　例 一九一　泄 一九一　奈 一九二　怪 一九三　沛 一九三　屆 一九四　卦 一九四　妹 一九五　佩 一九五　岱 一九六　近 二〇一　念 二〇一　券 二〇一　坪 二〇三　岸 二〇三　怯 二〇五　到 二一一　押 二一三　夜 二一四　亞 二一四　怕 二一五　炙 二一五　尚 二一六　狀 二一六　命 二一七　孟 二一七　性 二一八　姓 二一八　泳 二一八　宙 二一九　定 二一九　咒 二二〇
念 二二四　店 二二四　竺 二二五　育 二二七　服 二二七　叔 二二八　牧 二二九　卓 二三一　岳 二三一　卒 二三五　屈 二三五　物 二三五　拔 二三六　歿 二三七　忽 二三八　刷 二三九　刮 二三九　效 二四一　拙 二四二　杰 二四一　帛 二四六　昔 二四八　易 二四九　析 二五〇　迪 二五一　的 二五一　直 二五二　刻 二五五　拉 二五八　泣 二五八　協 二六〇　狎 二六〇　妾 二六〇　帖 二六〇　刼 二六〇　垃 二六一　邵 二六二　拂 二六二　担 二六二　郵 二六二　利 二六四　泛 二六四　或 二六四
抹 二六四　砂 二六五　芥 二六五　牀 二六五　枚 二六五　疝 二六五　枇 二六五　放 二六五　歧 二六五　拆 二六五　拍 二六五　拖 二六五　沼 二六六　沸 二六六　軋 二六六　迪 二六六　炒 二六六　沿 二六六　玩 二六六　疚 二六六　沽 二六六　芭 二六七　陀 二六七　芷 二六七　沫 二六七　臥 二七七　姆 二七八　剎 二八四　拓 二九〇　姊 二九〇　芽 二九〇　坦 二九一　拌 二九一　拘 二九一　泗 二九一　芹 二九一

## 九畫

洞 一　風 三　洪 四　紅 四　封 六
重 七　降 八　缸 八　爲 九　珊 一二　姿 一四　眉 一五　思 一七　持 一八　飛 一九　威 二十　兪 二四　胡 二六　枯 二八　查 三十　柴 三十　皆 三一　恢 三二　迴 三二　哀 三三　盃 三三　胎 三四　孩 三四　姻 三五　紉 三七　津 三七　珍 三七　春 三九　軍 四二　怨 四四　盆 四五　奔 四五　竿 四七　胆 四七　看 四八　冠 四九　姦 五十　前 五一　咽 五二　姸 五三　泉 五六　宜 五六　便 五六
穿 五七　迢 五九　挑 五九　垚 六一　枵 六二　要 六三　昭 六三　姚 六三　苗 六四　郊 六五　姣 六五　胞 六六　咬 六六　茅 六六　柯 六九　俄 七〇　科 七二　玻 七二　迦 七三　耶 七三　茄 七三　砂 七五　奎 七六　香 七七　洋 七七　姜 七九　相 八十　殃 八二　皇 八四　英 八七　牲 八八　盈 九十　貞 九一　型 九三　玲 九四　荅 九四　亭 九四　星 九四　局 九五　訂 九五　矜 九七　恒 九九　秋 一〇〇

柔 一〇一　洲 一〇一　酋 一〇一　侯 一〇四　侵 一〇五　幽 一〇五　枸 一〇五　南 一〇八　音 一〇八　咸 一一二　衫 一一三　拱 一一四　勇 一一四　爰 一一四　咫 一一五　是 一一五　美 一一八　指 一一八　軌 一一九　紀 一二〇　恃 一二〇　癸 一二〇　俟 一二二　苧 一二四　侶 一二四　胥 一二五　禹 一二六　柱 一二七　苦 一三〇　祐 一三〇　洒 一三二　怠 一三四　待 一三四　矧 一三五　盾 一三七　苑 一三九　很 一四〇　柬 一四二　限 一四二　衍 一四三　扁 一四三　勉 一四五　狡 一四六

表 一四六　保 一四七　柵 一四九　者 一四九　挂 一五一　袒 一五四　省 一五六　炳 一五六　映 一五六　洗 一五九　柳 一六〇　拯 一六〇　負 一六一　韭 一六一　首 一六一　苟 一六四　柑 一六四　某 一六四　厚 一六四　炮 一六四　品 一六五　派 一六五　染 一六七　范 一六八　俘 一六九　巷 一七一　施 一七二　剌 一七二　帥 一七四　胃 一七九　畏 一七九　赴 一八三　故 一八五　度 一八五　怒 一八六　帝 一八七　剃 一八七　恤 一八七　係 一八八　計 一八八　契 一八九　洩 一九一　洌 一九二

拜 一九四　界 一九四　背 一九五　信 一九八　肺 一九八　俊 二〇〇　建 二〇一　恨 二〇二　炭 二〇三　按 二〇三　象 二〇四　段 二〇四　叛 二〇五　宦 二〇六　奐 二〇七　彥 二〇八　面 二〇九　冒 二一二　架 二一三　洽 二一三　俠 二一四　亮 二一六　勁 二一八　政 二一八　柄 二一八　後 二二一　柚 二二一　奏 二二二　茂 二二二　甚 二二三　陋 二二三　屋 二二五　郁 二二八　卸 二二四　毒 二二九　俗 二三一　促 二三一　姪 二三二　柒 二三三　室 二三三　迹 二三四　律 二三四　突 二三七

勃 二三七　活 二三八　頁 二四一　約 二四三　創 二四三　若 二四三　姬 二四四　洛 二四五　柏 二四六　昨 二四六　客 二四七　珀 二四七　迫 二四六　革 二四八　弈 二四九　疫 二五〇　食 二五三　則 二五四　拾 二五六　急 二五七　柿 二六五　姝 二六六　怎 二六六　垢 二六六　韋 二六七　砌 二六七　胚 二六七　虐 二六七　咳 二六七　匣 二六七　哈 二六七　疤 二六八　怡 二六八　殆 二六八　柩 二六八　胖 二六八　疥 二六八　炸 二六八　秒 二九一　耐 二九一　咪 二九一　奕 二九一　娃 二九一

挖 二九一　苔 二九一　侮 二九二　俏 二九二　俐 二九二　括 二九二　拭 二九二　皈 二九二　剋 二九二　虹 二九二　迭 二九二　陌 二九二

## 十畫

凍 一　桐 一　宮 二　躬 二　疼 五　翁 五　烘 五　通 五　胸 六　容 六　逢 七　峰 七　峯 七　茸 八　恭 八　師 一三　衰 一三　脂 一三　追 一五　時 一六　玆 一九　疽 二一　書 二一　徐 二二　娛 二三　除 二三　珠 二四　殊 二四

株 二四　俱 二六　租 二七　烏 二八　差 三一　埋 三二　眞 三四　紙 二九　迷 三〇　栽 三四　財 三四　埃 三五　茵 三五　納 三五　唇 三五　神 三六　娠 三六　秦 三七　純 三八　倫 三九　紋 四十　蚊 四十　員 四一　紛 四二　殷 四二　衷 四三　原 四三　軒 四四　孫 四五　根 四六　恩 四六　桓 四八　般 四九　班 五十　烟 五二　胭 五二　眠 五三　眩 五四　扇 五五　娟 五七　捐 五七　拳 五八　栓 五八

虔 五八　凋 五九　料 六十　釗 六十　宵 六一　消 六一　晁 六二　羔 六七　高 六七　桃 六八　哥 六九　挪 七十　娥 七十　娑 七一　家 七四　茶 七五　參 七六　紗 七六　倡 七八　娘 八十　郎 八一　秧 八二　剛 八三　桑 八三　狼 八三　倉 八三　唐 八三　珮 八三　朓 八四　荒 八四　旁 八六　荆 八七　耕 八九　城 九一　冥 九三　庭 九三　乘 九六　陞 九六　凌 九六　烝 九六　留 九九　流 九九　能 九九

修 一〇一　浮 一〇三　針 一〇六　衾 一〇七　崁 一一三　兼 一一三　恐 一一四　倚 一一五　砥 一一六　俾 一一七　捍 一一八　耻 一二一　起 一二二　鬼 一二三　匪 一二三　豈 一二三　旅 一二四　矩 一二八　祐 一三〇　圃 一三一　浦 一三一　陞 一三二　海 一三四　宰 一三四　疹 一三五　倍 一三五　們 一三六　粉 一三七　剖 一三七　笋 一三七　准 一三七　挽 一三八　娩 一三八　浣 一四一　峪 一四三　展 一四四　浩 一四六　倒 一四七　草 一四七　討 一四七　娜 一四八　倭 一四九　馬 一四九

夏 一五一　島 一五三　倣 一五五　紡 一五五　耿 一五七　郢 一五八　挺 一五九　茗 一五九　紐 一六〇　酒 一六二　叟 一六三　悔 一六三　畝 一六四　陜 一六七　閃 一六七　捌 一六九　貢 一六九　臬 一六九　送 一六九　俸 一七〇　症 一七〇　荔 一七一　翅 一七二　悅 一七二　秘 一七三　祕 一七三　致 一七五　值 一七八　記 一七九　氣 一八〇　恕 一八一　悞 一八五　厝 一八六　悟 一八六　素 一八六　哺 一八七　庫 一八七　捕 一八七　悌 一八八　桂 一八九　脆 一九〇　害 一九二　泰 一九二

配 一九六　狹 一九七　徒 一九八　訊 一九八　振 一九八　晉 一九九　陣 一九九　訓 二〇〇　晏 二〇三　案 二〇三　倩 二〇六　奚 二〇六　茜 二〇六　宴 二〇七　脅 二〇七　院 二〇八　荐 二〇八　框 二〇九　套 二一〇　笑 二一〇　庖 二一一　個 二一二　射 二一四　峽 二一五　借 二一五　恙 二一六　病 二一七　浪 二一七　徑 二一八　秤 二一九　祐 二二〇　畜 二二〇　臭 二二〇　候 二二一　鬥 二二二　浸 二二三　峨 二二四　哭 二二五　站 二二五　祝 二二八　浴 二三〇　辱 二三〇　朔 二三一

捉 二三一　剝 二三二　秩 二三二　桌 二三二　疾 二三三　訖 二三六　骨 二三七　缺 二四〇　烈 二四一　哲 二四一　浙 二四二　弱 二四三　酌 二四三　託 二四四　索 二四五　格 二四五　挾 二四六　脈 二四七　迹 二四八　脊 二四八　涂 二四八　隻 二四九　席 二五〇　陟 二五二　息 二五三　特 二五五　級 二五七　笈 二五七　盍 二五八　衲 二五八　涉 二五九　恥 二六〇　祖 二六七　疲 二六八　核 二六八　浚 二六八　畔 二六八　倦 二六九　疴 二六九　疽 二六九　痤 二六九　俯 二六九　哮 二六九

校 二六九　哩 二六九　峻 二六九　殉 二六九　挫 二六九　效 二六九　砲 二七〇　盆 二七〇　痂 二七〇　耘 二七〇　紝 二七〇　破 二七〇　耗 二七〇　耽 二七〇　秣 二七〇　赶 二七〇　衷 二七〇　釘 二七一　郡 二七一　郝 二七一　晃 二九二　航 二九三　拿 二九三　併 二九三　埔 二九三　晒 二九三　氧 二九三　烤 二九三　祠 二九三　窄 二九三　胰 二九三　退 二九三　倆 二九三　倪 二九四　屑 二九四　桔 二九四　豹 二九四　逆 二九四

## 十一畫

終 二　崇 二　梵 三

通 五　庸 六　逢 七　從 七　蛇 九　移 九　涯 十　崖 十　焊 一二　規 一三　寅 一三　莉 一四　飢 一四　瓷 一四　唯 一五　龜 一五　梨 一五　推 一六　帷 一六　基 一八　魚 二十　區 二四　符 二五　途 二七　鹵 二八　梯 二九　釵 三十　淮 三一　排 三一　梅 三二　抹 三三　培 三三　崔 三三　堆 三三　猜 三四　晨 三五　淪 三七　陳 三七　淳 三八　貧 三八　彬 三八　脣 三九　衰 四三

寃 四四　陷 四四　婚 四六　痕 四六　乾 四七　曼 四九　朗 四九　淇 五一　紘 五二　堅 五二　牽 五三　淵 五四　連 五六　偏 五六　淞 五六　船 五七　旋 五七　專 五八　痊 五八　條 五九　彫 五九　聊 六十　鳥 六十　道 六一　陶 六三　敎 六五　淆 六五　巢 六六　毫 六七　袍 六八　掬 六八　曹 六九　荷 七十　梭 七一　婆 七一　莎 七一　斜 七三　麻 七三　莫 七四　祥 七七　涼 七七　梁 七七　痒 七七

章 七八　商 七八　將 七九　張 七九　莊 八十　常 八十　堂 八一　強 八二　康 八四　崗 八四　凰 八五　烹 八七　笙 八八　崢 八九　莖 八九　情 九十　清 九十　旌 九十　盛 九一　偵 九一　屏 九二　停 九三　陵 九五　崩 九八　郵 九九　悠 一〇〇　羞 一〇一　脩 一〇一　眸 一〇三　兜 一〇四　梧 一〇四　兪 一〇四　球 一〇四　彪 一〇五　婁 一〇五　淫 一〇六　淋 一〇六　參 一〇七　深 一〇七　庵 一〇八　陰 一〇八　淦 一〇九　婪 一〇九

探 一〇九　貪 一〇九　涵 一〇九　淡 一一〇　淹 一一一　添 一一二　甜 一一二　粘 一一二　捧 一一四　滄 一一五　紫 一一七　硃 一一五　捶 一一七　婢 一一七　徙 一一七　匭 一一九　梓 一二一　痔 一二二　理 一二二　偉 一二三　竟 一二三　許 一二五　處 一二五　做 一二六　敍 一二六　莒 一二六　脯 一二七　組 一三〇　粗 一三〇　部 一三〇　啓 一三二　彩 一三五　斂 一三六　採 一三六　晚 一三八　偃 一三八　圈 一三九　混 一三九　婉 一三九　產 一四二　匾 一四三　眼 一四三　捲 一四四

軟 一四四　剪 一四四　淺 一四四　晃 一四五　皎 一四五　鳥 一四五　紹 一四六　掃 一四七　啞 一五〇　假 一五〇　野 一五〇　捨 一五一　掩 一五二　爽 一五三　梗 一五六　猛 一五七　逞 一五八　頃 一五八　頂 一五九　烱 一五九　偶 一六三　既 一六四　婦 一六四　釦 一六五　蛋 一六六　斬 一六八　控 一六九　累 一七一　寄 一七一　跂 一七一　被 一七一　淚 一七三　僞 一七三　率 一七四　彗 一七四　異 一七九　庶 一八一　望 一八二　務 一八三　娶 一八四　措 一八七　第 一八八　祭 一八九

閉 一八九　逝 一九〇　帶 一九二　掛 一九三　械 一九四　莓 一九五　敗 一九五　捷 一九六　袋 一九七　問 二〇〇　副 二〇一　販 二〇一　健 二〇二　貫 二〇四　患 二〇五　涮 二〇六　眷 二〇九　釣 二一〇　造 二一二　貨 二一三　蚵 二一三　赦 二一五　帳 二一六　唱 二一七　淨 二一八　救 二一九　晝 二二〇　袖 二二〇　授 二二一　售 二二一　透 二二二　寇 二二二　勘 二二三　陷 二二四　速 二二五　啄 二二五　族 二二六　鹿 二二六　逐 二二七　陸 二二七　掬 二二八　淑 二二八　宿 二二九

欲 二三〇　悉 二三二　術 二三四　密 二三四　畢 二三四　尉 二三五　掘 二三六　殺 二三九　脫 二三九　雪 二四二　設 二四三　腳 二四三　略 二四三　雀 二四四　涸 二四五　郭 二四六　責 二四七　麥 二四七　液 二四九　笛 二五一　荻 二五一　戚 二五二　覓 二五二　匿 二五三　勒 二五四　側 二五四　得 二五四　域 二五四　國 二五五　習 二五六　執 二五六　盒 二五七　笠 二五七　接 二五九　票 二六八　細 二七一　紮 二七一　紳 二七一　崙 二七一　崑 二七一　夠 二七一　崎 二七一　偖 二七一

動 二七一　訣 二七二　菁 二七二　舵 二七二　蛀 二七二　訪 二七二　淝 二七二　羚 二七二　翎 二七二　琉 二七二　惜 二七二　梳 二七二　啡 二七三　釧 二七三　酗 二七三　陪 二七三　船 二七三　訟 二七三　豚 二七三　現 二九四　啤 二九四　埠 二九四　娼 二九四　您 二九四　惟 二九四　斌 二九四　款 二九五　氫 二九五　研 二九五　粒 二九五　孳 二九五　這 二九五　唾 二九五　掉 二九五　掠 二九五

十二畫

童 一　衆 二　絨 二　羢 二　雄 二　馮 三

隆 三　窗 八　腔 九　提 十　爲 十一　斯 一二　脾 一二　提 一二　犂 一五　嵋 一六　悲 一六　期 一七　棋 一七　絲 一七　詞 一八　撖 一八　非 一九　揮 一九　圍 一九　幾 二十　舒 二一　稀 二一　虛 二二　疏 二二　猪 二二　無 二三　屠 二三　須 二四　辜 二六　湖 二六　壺 二六　菩 二六　都 二八　惡 二八　酥 二八　犀 二九　隄 二九　啼 二九　街 三十　牌 三〇　階 三一　裁 三三　開 三三

粢 三四　皴 三九　竣 三九　雲 四十　循 四十　焚 四一　賁 四一　筋 四二　勛 四二　粧 四三　番 四三　援 四三　敦 四五　傘 四五　單 四六　寒 四六　殘 四七　痠 四八　牋 五一　閑 五一　間 五一　然 五五　棉 五六　貂 五九　硝 六一　超 六一　朝 六一　堯 六一　椒 六二　焦 六二　描 六四　喬 六五　蛟 六五　殽 六五　鈔 六六　皐 六七　勞 六七　萄 六九　華 七四　陽 七六　揚 七六　琵 七六　量 七七

翔 七七　湯 七八　創 七九　湘 七九　場 七九　棠 八一　黃 八三　惶 八四　喪 八四　傍 八五　彭 八六　晴 八六　評 八七　卿 八八　晶 九十　棚 九十　萍 九五　勝 九七　琪 九八　曾 九八　登 九八　游 一〇〇　猶 一〇〇　鈎 一〇四　尋 一〇五　喉 一〇五　猴 一〇五　琴 一〇六　欽 一〇七　覃 一〇八　森 一〇八　菴 一〇八　堪 一〇九　嵐 一〇九　酣 一一〇　港 一一四　棒 一一四　椅 一一五　項 一一五　痞 一一八　詐 一一八　揆 一一九　喜 一二〇

棲 一二三　渠 一二三　斐 一二三　黍 一二四　貯 一二五　腑 一二七　寓 一二七　虜 一二九　堵 一二九　普 一三一　琥 一三一　雇 一三一　買 一三二　棨 一三二　凱 一三四　傀 一三四　軫 一三五　腎 一三五　菇 一三五　等 一三五　菌 一三六　窘 一三六　診 一三六　筍 一三七　渾 一三九　菀 一三九　散 一四〇　傘 一四〇　款 一四一　孱 一四二　棧 一四二　皖 一四二　喘 一四四　善 一四四　淼 一四六　棗 一四七　惱 一四七　菓 一四八　斑 一五〇　雅 一五〇　廈 一五一　象 一五二　敞 一五三

掌 一五三　景 一五六　煉 一五九　証 一六〇　着 一六一　揜 一六六　敢 一六六　貶 一六七　減 一六八　湛 一六八　筒 一六九　統 一七〇　棟 一七〇　痛 一七〇　棹 一七〇　衖 一七一　智 一七二　備 一七四　費 一七四　寐 一七五　棄 一七五　視 一七五　痢 一七五　貳 一七六　痣 一七七　萃 一七七　植 一七八　貴 一七九　廁 一七九　滑 一八〇　御 一八一　絜 一八一　週 一八二　弼 一八二　庽 一八二　註 一八三　傳 一八三　閒 一八三　渡 一八四　渝 一八六　訴 一八六　棣 一八八　替 一八八

惠 一八九　稅 一九〇　掣 一九一　畫 一九四　隊 一九五　堡 一九七　貸 一九七　距 一九九　閏 二〇〇　順 二〇〇　舜 二〇〇　悶 二〇二　異 二〇二　嵌 二〇二　散 二〇三　換 二〇四　喚 二〇五　雁 二〇五　硯 二〇七　貪 二〇七　媛 二〇八　盜 二一一　報 二一二　帽 二一二　賀 二一三　插 二一三　硬 二一八　鈞 二一八　富 二二〇　就 二二一　貼 二二一　貿 二二二　菊 二二七　復 二二七　粥 二二八　琢 二三一　粟 二三一　逸 二三三　壹 二三三　筆 二三四　厥 二三五　越 二三六　粵 二三六

發 二三七　跌 二四〇　耋 二四〇　結 二四〇　傑 二四一　渴 二四一　裂 二四一　揭 二四二　絕 二四二　絡 二四四　短 二四四　博 二四五　鄂 二四五　戟 二四六　策 二四七　鈕 二四七　腊 二四八　腋 二四九　喫 二五二　殖 二五三　毯 二五三　黑 二五五　揖 二五六　集 二五六　給 二五七　答 二五八　琦 二七三　棺 二七三　琵 二七三　寗 二七三　琳 二七三　割 二七四　敝 二七四　進 二九九　剩 二七四　喝 二七四　媚 二七四　廂 二七四　測 二七四　最 二七四　揀 二七四　菁 二七五　焙 二七五

痘 二七五　秖 二七五　酢 二七五　菸 二七五　棘 二九五　棵 二九五　殼 二九五　猶 二九六　琛 二九六　菱 二九六　奢 二九六　媒 二九六　强 二九六　握 二九六　氯 二九六　氮 二九六　渣 二九六　猴 二九六　釉 二九六　痙 二九七　硫 二九七　萎 二九七　程 二九七　蛙 二九七　蛔 二九七　週 二九七　鈍 二九七　鈣 二九七　隅 二九七　罩 二九七　傢 二九七　喊 二九八　喇 二九八　徧 二九八　惰 二九八

## 十三畫

嵩 二　楓 三　農 五　蜂 五　頌 六　慟 七

傭 七　雍 七　痿 一一　碑 一一　資 一二　綉 一三　獅 一四　綏 一五　葵 一五　詩 一七　違 一九　微 一九　暉 一九　滋 一九　虞 二三　愚 二三　滅 二三　誅 二四　塗 二七　携 三十　溪 三十　滙 三一　煤 三二　雷 三二　新 三五　詢 三八　椿 三八　馴 四十　羣 四一　頌 四一　勦 四二　煩 四三　源 四三　園 四三　溫 四五　煙 五二　滇 五三　塡 五三　零 五三　錠 五五　煎 五五　鉛 五七　椽 五八

傳 五八　圓 五八　跳 五九　絹 六一　搖 六三　腰 六四　勦 六六　滔 六七　過 七一　窠 七二　椰 七三　誇 七四　嗟 七四　衙 七五　瑕 七五　詳 七六　鄉 七七　粮 七七　楊 七七　傷 七八　腸 七九　嘗 八十　塘 八一　裝 八一　搶 八二　當 八三　廊 八三　遑 八五　粳 八六　盟 八七　榅 九十　誠 九一　禎 九一　經 九二　傾 九二　鈴 九三　塋 九四　腥 九四　瓶 九五　葡 九六　稜 九八　遊 一〇〇　猷 一〇〇

愁 一〇二　鳩 一〇二　鄒 一〇二　酬 一〇二　搜 一〇二　裘 一〇三　稠 一〇三　溝 一〇四　斟 一〇六　禽 一〇七　禁 一〇七　戡 一〇九　塩 一一〇　痰 一一〇　廉 一一一　董 一一四　蛾 一一六　詭 一一六　煅 一一六　麂 一一八　雉 一一九　裏 一二二　葦 一二三　暑 一二四　鼠 一二四　煮 一二四　楚 一二五　募 一二五　媽 一二八　愈 一二八　鼓 一二九　鈷 一二九　買 一二九　塢 一三〇　豐 一三一　解 一三二　罪 一三三　匯 一三三　楷 一三三　賄 一三三　矮 一三三　載 一三四　痱 一三四

隕 一三六　準 一三六　遁 一三九　損 一三九　飯 一三九　暖 一四一　碘 一四二　道 一四六　腦 一四八　惹 一五二　跨 一五二　想 一五三　瘁 一五三　愴 一五三　葬 一五五　靖 一五七　黽 一五七　鼎 一五九　艇 一六〇　舅 一六二　搬 一六五　飲 一六五　飪 一六五　稔 一六五　感 一六六　塚 一七〇　義 一七二　瑞 一七三　睡 一七四　稚 一七五　嗜 一七五　遂 一七四　肆 一七六　肄 一七七　嗣 一七八　試 一七八　意 一七九　置 一七九　韮 一八〇　搪 一八一　遇 一八二　預 一八二　裕 一八三

路 一八四　楨 一八六　塑 一八六　歲 一八九　勢 一九一　裔 一九一　債 一九三　會 一九三　搭 一九四　話 一九五　塞 一九五　碎 一九六　愛 一九七　僅 一九九　愼 一九九　運 二〇〇　幹 二〇一　萬 二〇一　頓 二〇二　粲 二〇三　煥 二〇四　亂 二〇四　祺 二〇六　電 二〇七　殿 二〇七　絹 二〇八　遍 二〇九　羨 二〇九　照 二一〇　傲 二一一　號 二一一　奧 二一二　嫁 二一三　暇 二一四　靶 二一五　敬 二一七　聖 二一八　溜 二二〇　媾 二二二　暗 二二三　祿 二二六　腹 二二六　肅 二二八

督 二二九　睦 二二九　蜀 二三〇　葯 二三二　瑟 二三五　滑 二三七　歇 二三七　違 二三八　窟 二三八　煞 二三九　鉄 二四〇　暈 二四二　落 二四四　著 二四四　酪 二四五　搏 二四五　跡 二四八　疊 二四八　隔 二四八　勣 二五一　飭 二五二　溺 二五二　極 二五三　逼 二五四　塊 二五五　溼 二五六　睫 二五九　楫 二五九　葉 二五九　塔 二五九　閘 二五九　鉀 二五九　寗 二七三　嫌 二七四　慌 二七四　煌 二七五　煉 二七五　爺 二七五　溢 二七五　溯 二七五　愧 二七五　該 二七六　補 二七六

瑚 二七六　葛 二七六　裙 二七六　碗 二七六　聘 二七六　腺 二七六　獻 二七六　猿 二七六　瑙 二七六　鉑 二七七　躲 二七七　鈾 二七七　靴 二七七　詹 二七七　賃 二七七　搾 二九八　楨 二九八　業 二九八　痲 二九八　筵 二九八　群 二九八　腫 二九八　葷 二九八　路 二九九　躲 二九九　較 二九九　遊 二九九　鉅 二九九　雌 二九九　飩 二九九　馳 二九九　暄 二九九　僂 二九九　僂 二九九　剿 二九九　剷 三〇〇　嗅 三〇〇　彙 三〇〇　愷 三〇〇　樓 三〇〇　滄 三〇〇　瑛 三〇〇　稟 三〇〇

篙 三〇〇　頑 三〇〇

## 十四畫

銅 一　熊 三　夢 三　蒙 四　蓉 六　墀 四　維 五　旗 七　疑 七　慈 八　斐 二十　與 二一　漁 二一　需 二四　蒲 二六　圖 二七　齊 二八　瑰 三二　魁 三二　臺 三三　綺 三三　甄 三五　賓 三六　銀 三七　塵 三七　閩 三八　綸 三九　聞 四十　熏 四二　魂 四四　酸 四八　團 四八　端 四八　漫 五一　綿 五六　銓 五七　鳶 五七　廖 六十　僚 六十

寥 六十　熙 一八　遙 六二　韶 六三　瑤 六三　漂 六四　僑 六五　敲 六六　膏 六七　豪 六七　髦 六八　歌 六九　蓑 七一　頗 七二　睬 七三　嘉 七四　障 七八　裳 八十　槍 八一　嘗 八一　蒼 八三　綱 八四　臧 八五　榜 八六　鳴 八七　榮 八八　禎 九一　輕 九一　銘 九四　蒸 九五　寧 九五　稱 九七　兢 九七　僧 九八　榴 一〇〇　漸 一一二　監 一一三　銜 一一三　鄙 一一八　爾 一一八　語 一二三　蜚 一二三　綾 一二四

墅 一二六　舞 一二七　聚 一二七　腐 一二八　滷 一二九　滬 一三一　夥 一三三　遞 一三三　腿 一三三　綵 一三五　盡 一三六　緊 一三六　誕 一四〇　滿 一四一　瘓 一四一　管 一四一　算 一四一　演 一四三　趙 一四五　肇 一四五　磁 一四七　裸 一四八　禍 一四九　蝦 一五〇　彰 一五〇　寡 一五一　箋 一五二　像 一五二　獎 一五二　槎 一五二　網 一五四　境 一五五　榔 一五六　領 一五八　綬 一六二　壽 一六二　誘 一六二　寢 一六五　歉 一六七　截 一六七　鳳 一六八　粽 一六九　綜 一七〇

漲 一七〇　漬 一七二　粹 一七三　毀 一七三　滋 一七五　翠 一七六　誌 一七七　飼 一七八　翡 一八〇　精 一八〇　署 一八一　碱 一八四　摶 一八四　屢 一八四　誤 一八五　墓 一八五　製 一九〇　睿 一九〇　綴 一九〇　際 一九〇　滯 一九一　誓 一九一　蓋 一九二　對 一九六　幗 一九六　誨 一九六　溉 一九七　態 一九七　認 一九八　遜 二〇二　嫩 二〇二　漢 二〇三　慢 二〇五　蒜 二〇五　慣 二〇六　棧 二〇八　裱 二一一　貌 二一一　箇 二一二　綢 二一六　暢 二一六　嗽 二二二　構 二二三

漏 二二三　塾 二二四　厭 二二四　僕 二二六　福 二二七　蓄 二二八　毓 二二八　酷 二二九　獄 二三〇　實 二三二　漆 二三三　蜜 二三三　罰 二三六　竭 二三七　奪 二三八　察 二三九　說 二四二　幕 二四四　漠 二四四　箔 二四五　劃 二四七　瑪 二四七　摘 二四八　碧 二五〇　滌 二五一　滴 二五一　飾 二五三　閣 二五八　榻 二五九　颯 二六〇　幔 二七七　摧 二七七　孵 二七七　賑 二七八　輔 二七八　瘋 二七八　蓆 二七八　裹 二七八　榕 二七八　熄 二七八　瑯 二七八　榦 二七八　滾 二七八

餉二七九 瘧二七九 颱二七九 偏三〇〇 碳三〇〇 種三〇一 窩三〇一 箏三〇一 赫三〇一 趕三〇一 輓三〇一 辣三〇一 遣三〇一 酵三〇一 鼻三〇一 綠三〇一 榘三〇一 嘔三〇二 寨三〇二 嶂三〇二 慷三〇二 慨三〇二 摸三〇二 摔三〇二 碩三〇二 箕三〇二 麽三〇二

**十五畫**

窮三 鋒七 撞九 儀十 戲十 璃一二 遲一四 韜一七 輝一九 閭二二 膚二五 廚二五 數二五 糊二六

模二六 鋪二八 黎二八 稽二九 鞋三一 鄰三六 醇三八 輪三九 論三九 墳四一 樊四三 彈四七 寬四九 盤四九 憐五二 賢五二 蓮五三 編五四 篇五四 潺五五 翩五六 緣五七 調五九 遼六十 寮六十 撩六十 澆六十 銷六一 霄六一 窯六二 嬌六二 潮六二 窖六三 標六三 廟六四 膠六五 撈六七 褒六八 熬六九 槽六九 遨六九 駝七十 鄒七一

摩七一 蝌七二 遮七三 課七三 鴉七五 樟七八 箱七九 蔣八十 瘡八十 緊八一 潢八五 蝗八六 澎八六 瑩八八 澄八八 徵九七 層九八 增九八 憂九九 瘤一〇〇 劉一〇〇 播一〇三 樓一〇四 歐一〇四 蔘一〇八 潭一〇八 毿一〇九 慙一一〇 談一一〇 髯一一一 潛一一二 鞏一一四 劇一一六 履一一九 齒一二一 駛一二二 褚一二五 緒一二六 數一二八 豎一二八 魯一二九 磊一三三 罷一三三

璀一三四 憫一三六 憤一三七 槿一三八 緩一四〇 撰一四二 踐一四三 撚一四三 篆一四四 稻一四六 碼一四九 罵一四九 踝一五一 寫一五一 養一五二 槳一五三 賞一五四 廠一五四 廣一五五 賊一五五 影一五六 霆一五九 請一五九 牖一六二 趣一六三 審一六五 儉一六七 範一六八 糉一六九 賜一七一 誼一七二 醉一七三 墜一七七 餌一七八 撫一七八 幟一七八 嬉一七九 慰一八〇 緯一八〇 翦一八一 慮一八一 賦一八三 暮一八四

慕一八四 醋一八七 衛一八九 慧一八九 幣一九〇 厲一九一 賣一九四 蔡一九四 輩一九六 潰一九六 震一九八 廢一九八 潤二〇〇 鴈二〇五 澗二〇五 麪二〇七 練二〇七 線二〇八 箭二〇九 賤二〇九 鬧二一一 靠二一二 暴二一二 駕二一三 價二一四 蝶二一五 蔗二一五 慶二一七 鄭二一八 鄧二一九 瘦二二〇 皺二二〇 複二二一 蔭二二三 暫二二四 穀二二五 熟二二七 膝二三二 質二三二 確二三二 髮二三七 撥二三八 瞎二三九

撮二三九 潔二四〇 節二四〇 澈二四二 熱二四二 徹二四三 樂二四四 魄二四五 碧二五〇 敵二五一 億二五三 蝕二五三 德二五四 稷二五四 緝二五五 墨二五五 踏二五八 斲二七七 弊二七八 熨二七九 瑾二七九 潦二七九 磁二七九 璋二七九 嘴二七九 戮二七九 噌二七九 劍二七九 樞二八〇 撲二八〇 概二八〇 樣二八〇 歎二八〇 潘二八〇 潑二八〇 毅二八〇 樑二八一 餉二八二 蔓二八三 蔔二八三 蔚二八三 踢二八三 輛二八三

締二八三 霉二八三 銳二八三 餃二八三 鋁二八三 駐二八三 閱二八三 裸二八四 蝴二八四 誰二八四 賠二八四 踞二八四 踪二八四 蔬二八四 蝦二八四 衝二八四 澀二五七 墮三〇二 磅三〇二 碾三〇三 稿三〇三 緘三〇三 緞三〇三 舖三〇三 蕪三〇三 蕪三〇三 賬三〇三 鋤三〇三 鋅三〇三 隣三〇三 麩三〇三 撓三〇三 撤三〇四 毆三〇四 緬三〇四 蝨三〇四 撤三〇六

**十六畫**

融二 龍六 濃七 窺一一

隨一一 龜一五 頤一六 機二十 龍六 遺一五 餘二一 諸二二 豬二二 儒二四 輸二五 盧二七 穌二八 舖二八 懷三一 諳三一 諜三六 親三六 遵三九 臻四十 勳四二 蓄四三 奮四四 誼四四 翰四六 壇四七 餐四七 燕五二 錢五四 縣五四 遷五五 燃五五 磚五八 雕五九 遼六十 蕉六二 樵六二 瓢六三 燒六三 橋六四 貓六四 糕六七 操六九

磨 七二　噸 七四　糖 八一　疆 八二　鴦 八二　橫 八四　璜 八四　鋼 八四　衡 八八　橙 八九　頸 九二　錦 九三　鴿 九三　螢 九五　憑 九六　凝 九七　興 九七　燈 九八　踩 一〇二　謀 一〇三　儔 一〇三　頭 一〇四　甌 一〇五　霖 一〇六　擒 一〇七　擔 一一〇　擁 一一四　蕊 一一五　樹 一二八　賭 一二九　澧 一三一　墾 一四〇　盥 一四一　選 一四四　辨 一四四　瘰 一四九　蕩 一五五　靜 一五七　頻 一五八　整 一五八　穎 一五八　醒 一五九　褪 一六二

險 一六六　橄 一六六　撼 一六六　積 一七一　隧 一七四　冀 一七五　緻 一七五　膩 一七五　器 一七六　暨 一七六　謂 一八〇　據 一八一　豫 一八二　曉 一八五　錯 一八六　褲 一八七　燙 一八八　噬 一九〇　憩 一九一　懈 一九三　賴 一九三　遴 一九九　燐 一九九　奮 二〇一　憲 二〇二　澱 二〇六　辦 二〇六　膳 二〇八　諺 二〇八　戰 二〇八　嘯 二一〇　導 二一一　澳 二一二　餓 二一三　瘴 二一六　錠 二一九　獨 二二五　樸 二二六　築 二二八　篤 二二九　錄 二三〇　學 二三二　橘 二三四

諷 二三七　諾 二四六　霍 二四六　擇 二四七　積 二四八　澤 二四八　歷 二五〇　激 二五〇　錫 二五〇　曆 二五一　嘩 二五二　壁 二五二　默 二五五　輯 二五六　頰 二六〇　駱 二七七　鴣 二八〇　鴨 二八〇　塵 二八〇　璣 二八〇　餒 二八一　鮑 二八一　蕙 二八一　蕃 二八一　諦 二八一　閣 二八一　磬 二八一　穆 二八一　橱 二八二　噴 二八二　擅 二八二　噩 二八二　澡 二八二　樺 二八二　濁 二八二　濂 二八二　橡 二八二　羲 二八五　劑 三〇四　噪 三〇四　舘 三〇四　錶 三〇四　鋸 三〇四

錘 三〇四　寰 三〇四　遲 三〇四　錳 三〇五　錕 三〇五

十七畫

鴻 四　聰 五　篷 五　鍾 六　縫 七　縱 八　聳 九　戲 十　虧 一一　薇 一六　雖 一六　禧 一八　徽 一九　舉 二二　鍍 二七　齋 三二　癀 三三　薪 三五　濱 三七　繁 四三　餛 四四　韓 四六　環 五十　艱 五一　鮮 五四　氈 五五　聯 五六　蕭 五九　邀 六十　餚 六五　濤 六八　糟 六八　蹉 六九　螺 七一　鍋 七一　螟 七三

霞 七四　薑 七八　霜 八十　償 八一　牆 八一　薔 八二　幫 八五　嶸 八九　營 九十　嬰 九十　聲 九一　膺 九六　應 九七　膽 九九　優 九九　燴 九九　繆 一〇五　臨 一〇六　臉 一一一　謙 一一二　黏 一一二　講 一一四　擬 一二一　禦 一二四　擎 一二六　蕾 一三三　儡 一三三　隱 一三八　懇 一四〇　矯 一四六　穎 一四九　穖 一五四　嶺 一五八　醜 一六一　斂 一六六　膽 一六六　點 一六七　濫 一六八　礁 一六八　避 一七一　臂 一七一　懋 一七二　穗 一七四

孺 一八三　療 一八四　濟 一八七　擠 一八八　隸 一八九　謎 一八九　勵 一九二　膾 一九三　壓 一九四　邁 一九五　戴 一九七　賽 一九七　糞 二〇〇　駿 二〇〇　濬 二〇〇　館 二〇四　燦 二〇四　禪 二〇六　鍊 二〇七　輾 二〇九　餞 二一〇　謝 二一四　嚇 二一四　膹 二一九　罄 二一九　燮 二二一　癆 二二三　殮 二二四　縮 二二七　鞠 二二八　燭 二二九　嶽 二三一　闊 二三八　檜 二三八　薛 二三八　豁 二三九　褻 二四一　縛 二四四　獲 二四七　擊 二五〇　績 二五一　翼 二五四　濕 二五六

鴿 二五七　壑 二八一　嶼 二八一　擦 二八四　檀 二八四　襄 二八五　賺 二八五　薦 二八五　總 二八五　謠 二八五　磯 二八五　癌 二八五　糙 二八五　趨 二八六　購 二八六　鍰 二八六　輿 二八六　黛 二八六　鎂 二八六　闌 二八六　鍛 二八七　彌 三〇五　檢 三〇五　蟑 三〇五　謊 三〇五　蹈 三〇五　鍼 三〇五　錨 三〇五　闆 三〇五　壕 三〇五

十八畫

蟲 一　豐 三　鬃 五　叢 五　鎔 六　鬆 六　雙 八　騎 十　彝 一三　醫 一八

歸 二十　儲 二二　雛 二五　題 二九　雞 二九　檳 三七　薰 四一　翻 四四　顏 五十　鵑 五四　蟬 五五　鞭 五七　璿 五七　翹 六四　鵝 七十　鯊 七五　糧 七七　簧 八五　藏 八六　鎗 八七　鞦 一〇〇　謳 一〇四　簪 一〇九　藍 一一〇　邇 一一七　壘 一一九　鯉 一二一　礎 一二六　鵲 一二七　禮 一三一　擲 一三八　擴 一四一　簡 一四二　轉 一四四　擾 一四五　鎖 一四八　瀉 一五二　謹 一五六　檸 一五七　簞 一六七　檻 一六八　甕 一六九　櫃 一七四

**十九畫** 闊三〇五 瞿二八八 鼇二八八 薺二八八 馥二八七 蹤二八七 濾二八六 襆二八六 爵二八六 檬二八五 擺二八五 檯二八五 雜二五八 職二五二 癖二五一 璧二五〇 額二四六 薩二三八 闕二三六 粥二三四 濼二二六 瀑二二六 謬二二三 覆二二一 舊二二〇 醬二一七 藉二一四 瀑二一二 竅二一〇 繕二〇八 竄二〇四 斷二〇四 殯一九九 鎮一九九 穢一九八 聶一九六 獵一九四 贅一九〇 薯一八一 魏一八〇 織一七七

餽一七四 類一七三 藕一六三 襖一四八 禱一四七 孀一四〇 穩一三九 蟹一三二 譜一三一 簿一三〇 靡一一六 蟻一一五 簾一一一 簷一一〇 襟一〇七 藤九九 鵬九八 繩九七 懲九六 蠅九六 瓊九二 瀛九十 鯨八八 羹八六 疆七九 羅七十 韜六八 簫五九 鏈五五 邊五四 顛五三 攀五十 關五十 難四七 鯤四五 懷三一 鏤二五 廬二二 辭一八 麒一七 離一二 麗一二 龐九

**二十畫** 疇三〇七 曝三〇七 懶三〇六 鵲三〇六 騙三〇六 餻三〇六 鏢三〇六 醮三〇六 轎三〇六 贈三〇六 霸三〇六 藩三〇六 簽三〇六 瀝二八七 贊二八七 寵二八七 懺二八七 鶉二八七 譚二八七 壢二八六 餡二八六 繳二八二 臘二五八 醱二五三 藥二四三 繡二三一 獸二三〇 證二一九 曠二一七 鏡二一七 爆二一一 贊二〇三 願二〇一 韻二〇〇 礙一九七 壞一九三 藝一九一 繪一八九 繫一八八 霧一八三 識一七七

譯二四九 釋二四九 贏二四一 藻二三五 覺二三一 競二一七 耀二一〇 麵二〇七 獻二〇二 勸二〇一 藹一九二 繼一八八 議一七二 艦一六八 礦一五七 警一五六 黨一五五 壤一五四 癢一五二 寶一四七 闡一四四 纂一四一 嚴一一三 鹹一一一 籃一一〇 騰九九 齡九四 馨九三 聽九二 攘七九 騷六八 飄六四 騫五八 懸五四 饅四九 蘊四一 蘋三七 蘇二八 爐二七 蘆二二 犧十 鐘六 瓏四

麝二一五 霸二一五 竈二一二 饌二〇九 灌二〇四 爛二〇三 襯一九九 儷一八九 顧一八五 護一八五 露一八五 辯一八三 懼一八三 覽一六六 蠢一三七 闢一三三 躊一〇三 櫻八九 鶯八九 轟八九 魔七二 饒六二 鐫五六 纏五五 欄四八 蘭四八 鷄三一 攜三十 驅二四 譽二一 **廿一畫** 礪三〇七 攔三〇七 糰三〇七 糯三〇七 籌二八八 衢二八八 籍二八七 瀟二八七 寶二八七 儺二八七 麵二八二

疊二四五 竊二四〇 贖二三一 鑑二二五 讀二二五 櫬一九九 臟一九五 懿一七六 饗一五三 巒一五〇 癬一四三 灘一四一 灑一一七 髓一一六 鷗一〇五 聽九三 囊八五 驊七四 鰲六九 驕六二 權五八 巔五三 彎五十 歡四九 攤四七 聾四四 籠四四 **廿二畫** 巍三〇七 囍三〇七 饑三〇七 贓三〇七 躍二八八 籐二八八 蠟二五九 攝二五九 鶴二四六 鐸二四四 鐵二四〇 襪二三七 續二三一 屬二三〇

鹼一六八 贛一六六 攬一六六 鹽一一〇 蠶一〇九 鷹九六 靈九三 鑫二九 **廿四畫** 攪三〇八 鱔三〇八 驛二八八 靨二六〇 驗二二四 邏二一三 變二〇九 戀二〇九 曬一七三 鑛一五八 髒一五五 顯一四二 體一三二 巖一一三 髓一一六 纖一一一 籤一一一 纓九一 驚八七 攣五八 麟三七 纔三四 黴一五 癰七 **廿三畫** 鷓三〇八 鰻三〇八 顛三〇七 鬚二八八 鑄二八八 鑒二八八 襲二五六

鸛七二 鸞四九 **卅畫** 鬱二三五 **廿九畫** 鑿二二六 鸚八九 **廿八畫** 鱷三〇八 纜二二四 鑼七十 鑽四九 **廿七畫** 讚二〇四 驥一三 **廿六畫** 鑰三〇八 臟三〇七 籬二八一 欖二三四 廳九四 鑲八十 灣五十 蠻五十 觀四九 **廿五畫** 壩三〇八 矚二八八 靄二六四 罐二二四 艷二二四 鬮二二二 讓二一六 釀二一六 灞二一五 鷺一八四 驟一七〇

| | | | |
|---|---|---|---|
| 忠 | 桐 | 童 | 東 |
| 蟲 | 洞 | 凍 | 同 |
| 沖 | 銅 | 中 | 仝 |

| | | | |
|---|---|---|---|
| 融 | 絨 | 嵩 | 終 |
| 躬 | 羢 | 戎 | 眾 |
| 雄 | 宮 | 弓 | 崇 |

| | | | |
|---|---|---|---|
| 豐 | 風 | 馮 | 熊 |
| 楓 | 充 | 汎 | 夢 |
| 空 | 隆 | 梵 | 窮 |

| | | | |
|---|---|---|---|
| 公 | 功 | 攻 | 籠 |
| 工 | 公 | 聾 | 洪 |
| 蒙 | 瓏 | 紅 | 鴻 |

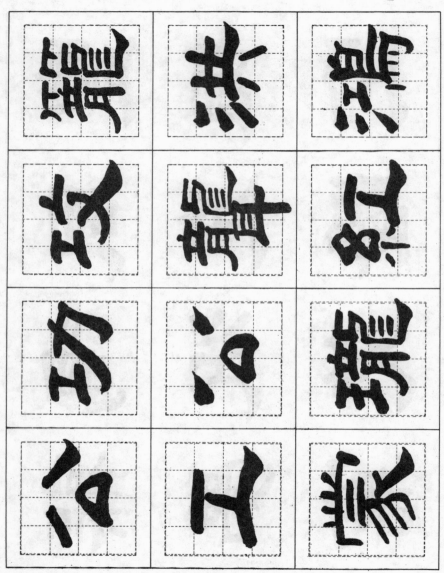

| | | | |
|---|---|---|---|
| 烘 | 翁 | 蓬 | 冬 |
| 叢 | 聰 | 疼 | 農 |
| 通 | 蜂 | 鬃 | 宗 |

| | | | |
|---|---|---|---|
| 雍 | 癰 | 濃 | 重 |
| 從 | 傭 | 逢 | 鋒 |
| 縫 | 峯 | 峰 | 衝 |

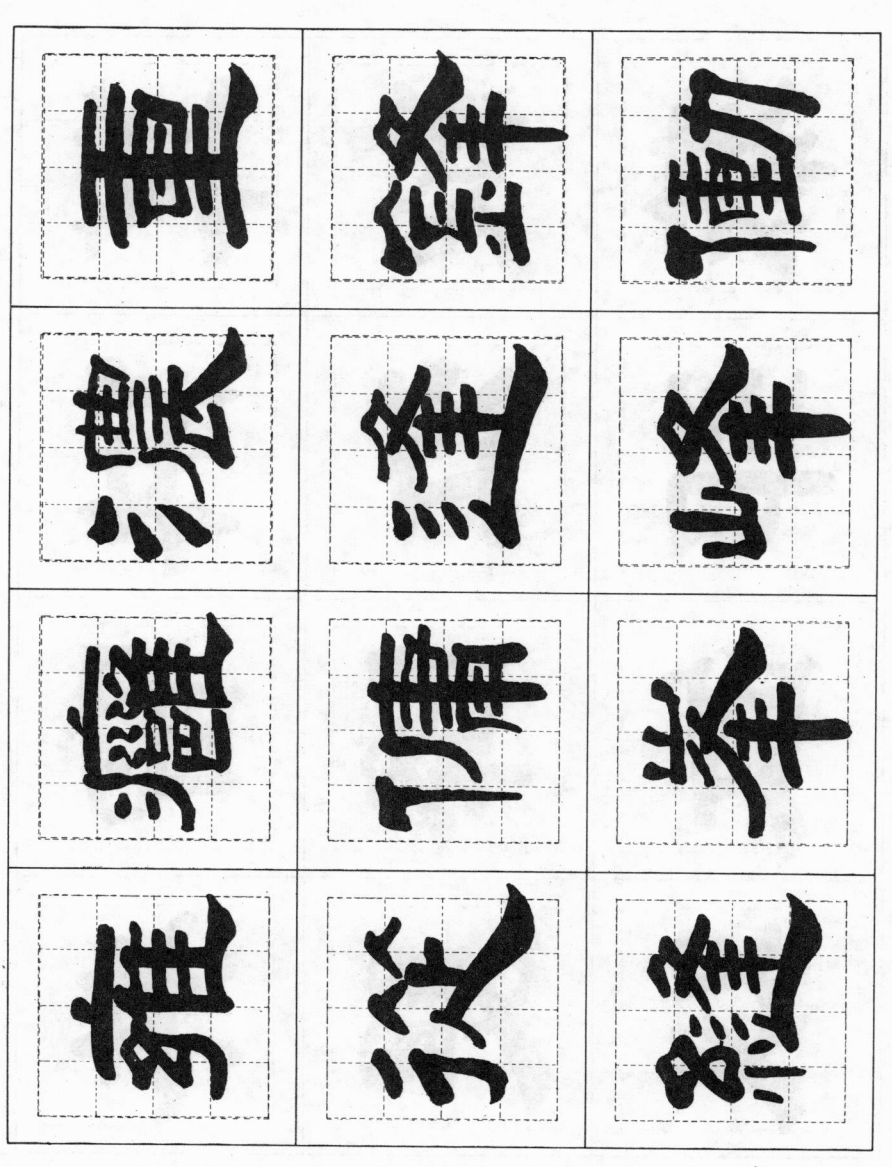

| | | | |
|---|---|---|---|
| 茸 | 供 | 窗 | 共 |
| 縱 | 江 | 降 | 雙 |
| 恭 | 邦 | 釭 | 双 |

| | | | |
|---|---|---|---|
| 腔 | 支 | 爲 | 龐 |
| 撞 | 移 | 技 | 肛 |
| 聳 | 枝 | 蛇 | 氏 |

| | | | |
|---|---|---|---|
| 岐 | 騎 | 宜 | 皮 |
| 匆 | 戲 | 儀 | 涯 |
| 犧 | 戲 | 提 | 崖 |

| | | | |
|---|---|---|---|
| 肢 | 褄 | 為 | 披 |
| 委 | 垂 | 碑 | 窺 |
| 吹 | 隨 | 虧 | 奇 |

| | | | |
|---|---|---|---|
| 堤 | 璃 | 資 | 麗 |
| 兒 | 妓 | 脾 | 斯 |
| 離 | 卑 | 珊 | 焊 |

| | | | |
|---|---|---|---|
| 池 | 知 | 規 | 寅 |
| 危 | 衰 | 彝 | 綉 |
| 驥 | 脂 | 夷 | 師 |

| | | | |
|---|---|---|---|
| 獅 | 飢 | 遲 | 墀 |
| 她 | 瓷 | 莉 | 尸 |
| 姿 | 呢 | 利 | 私 |

芝時頤

之台推

蕤帷丕

嵋雖悲

| | | | |
|---|---|---|---|
| 欺 | 詞 | 禧 | 醫 |
| 基 | 辭 | 治 | 慈 |
| 居 | 熙 | 持 | 仔 |

| | | | |
|---|---|---|---|
| 茲 | 微 | 揮 | 妃 |
| 滋 | 暉 | 徽 | 菲 |
| 輝 | 圍 | 違 | 飛 |

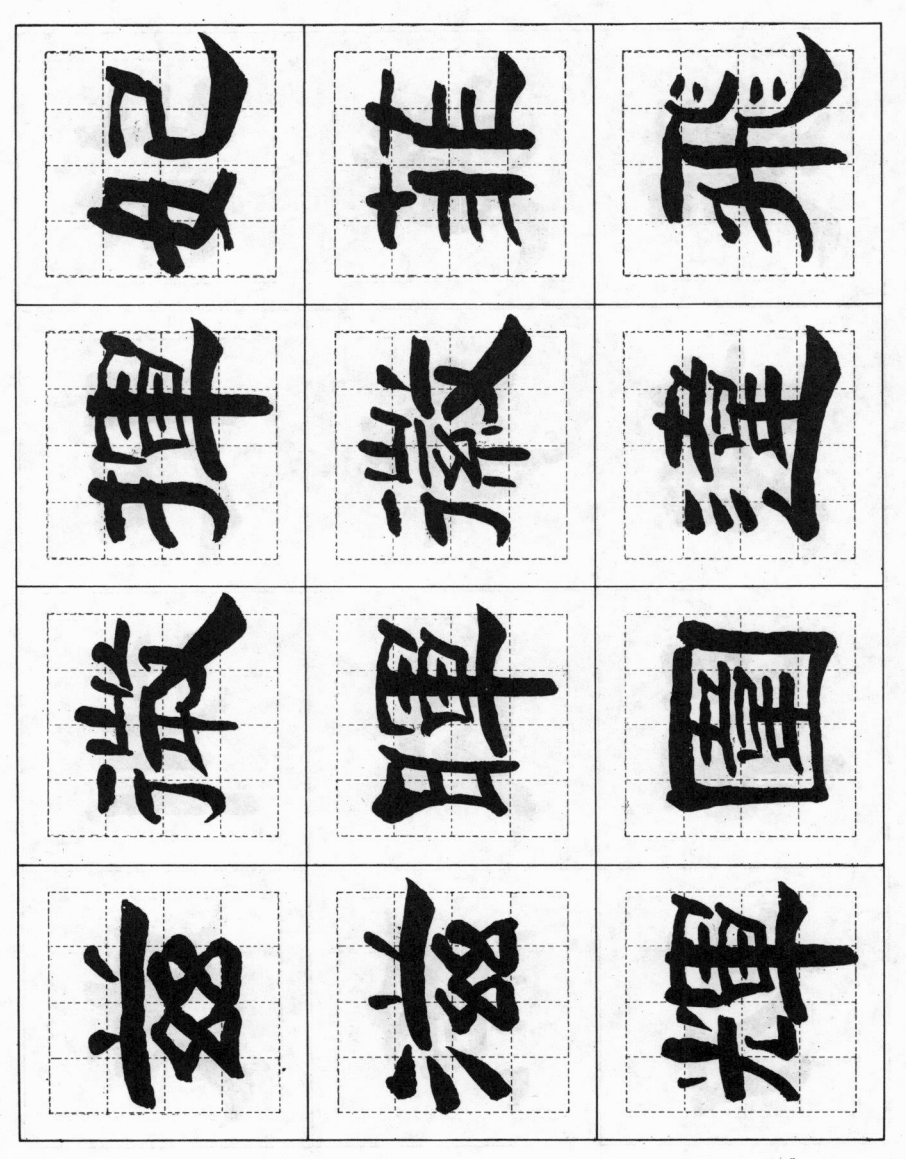

| | | | |
|---|---|---|---|
| 非 | 肥 | 圳 | 威 |
| 幾 | 希 | 衣 | 魚 |
| 斐 | 機 | 歸 | 初 |

| | | | |
|---|---|---|---|
| 稀 | 書 | 餘 | 譽 |
| 依 | 舒 | 余 | 予 |
| 漁 | 車 | 與 | 疽 |

徐蘆儲
虛諸廬
疏閭猪
舉於豬

巫于污

娛毋無

屠虞愚

除滅如

驅朱珠
殊俞區
株列誅
儒須需

| | | | |
|---|---|---|---|
| 俱 | 蒲 | 狐 | 糊 |
| 模 | 胡 | 湖 | 孤 |
| 善 | 壺 | 姑 | 辜 |

| | | | |
|---|---|---|---|
| 塗 | 鍍 | 吾 | 盧 |
| 途 | 奴 | 吳 | 爐 |
| 圖 | 呼 | 祖 | 炉 |

| | | | |
|---|---|---|---|
| 蘇 | 烏 | 鹵 | 鋪 |
| 穌 | 惡 | 枯 | 黎 |
| 餔 | 酥 | 都 | 齊 |

| | | | |
|---|---|---|---|
| 妻 | 隄 | 題 | 西 |
| 低 | 鑫 | 雞 | 犀 |
| 啼 | 紙 | 稽 | 梯 |

查斂乂街牌柴攜携佳迷泥溪

| | | | |
|---|---|---|---|
| 差 | 雞 | 排 | 淮 |
| 皆 | 諧 | 乖 | 滙 |
| 階 | 鞋 | 懷 | 懷 |

圖博同於

其軌戴旗

政鳳於野

| | | | |
|---|---|---|---|
| 賡 | 綺 | 盃 | 哀 |
| 崔 | 培 | 袜 | 臺 |
| 堆 | 杯 | 開 | 裁 |

胎孩真

萊裁猜

材来災

纔財才

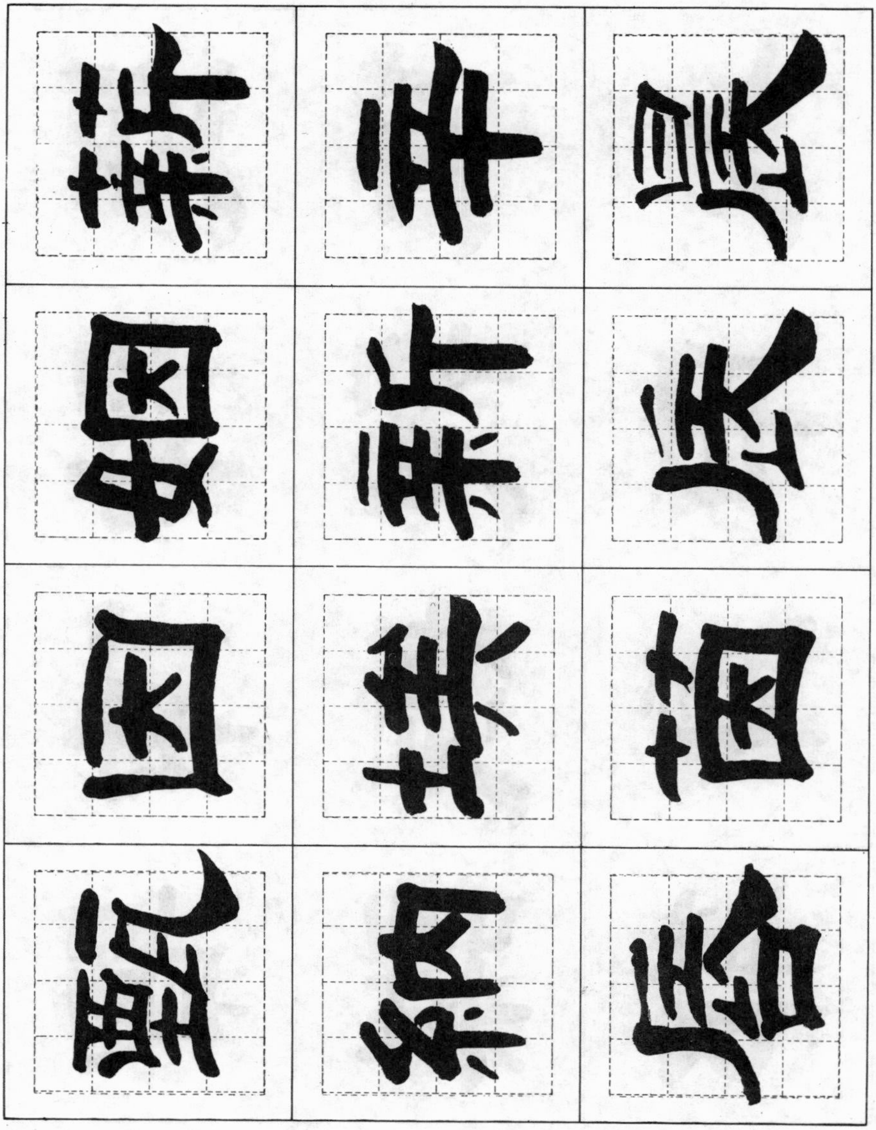

| | | | |
|---|---|---|---|
| 臣 | 神 | 伸 | 賓 |
| 仁 | 親 | 娠 | 諜 |
| 人 | 申 | 身 | 鄰 |

| | | | |
|---|---|---|---|
| 麟 | 檳 | 津 | 級 |
| 濱 | 陳 | 秦 | 蘋 |
| 珍 | 塵 | 淪 | 銀 |

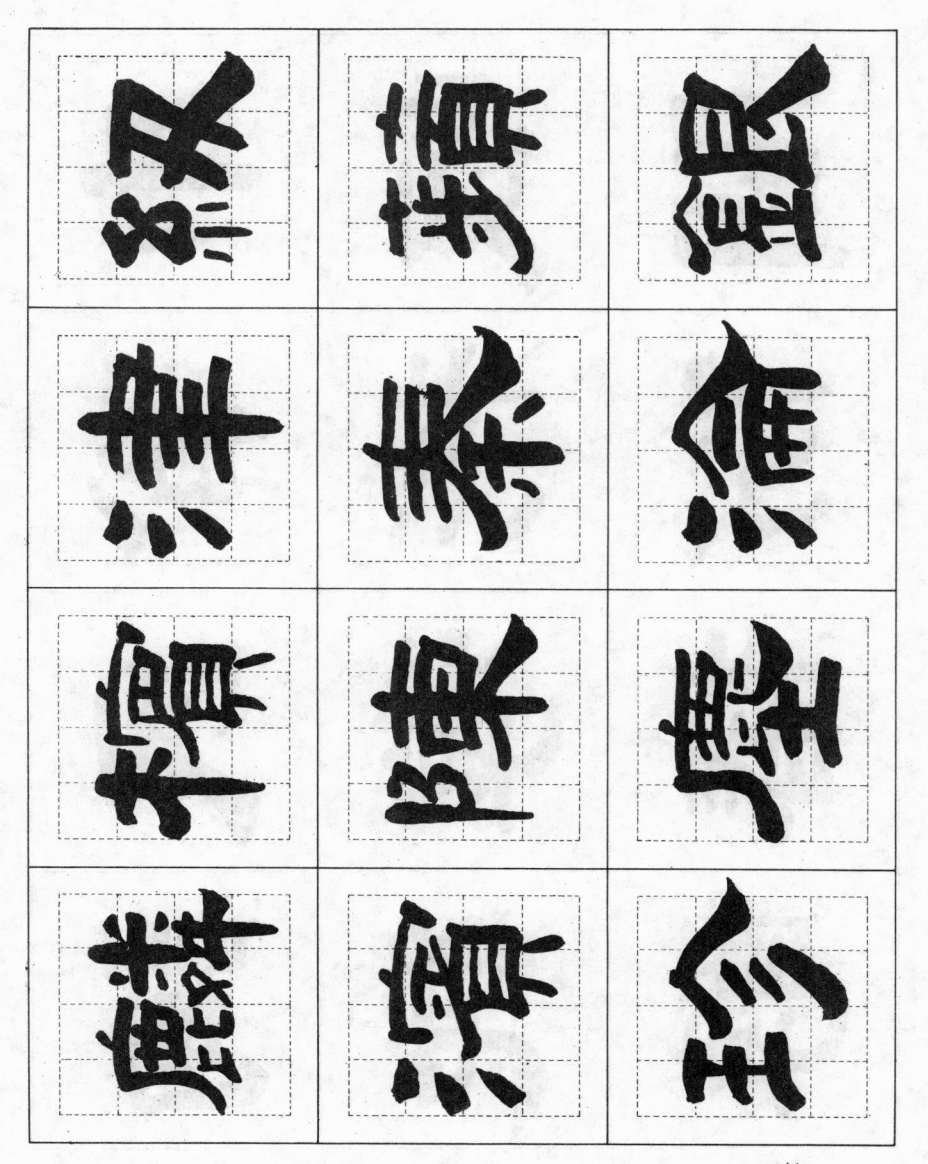

| | | |
|---|---|---|
| 輪 | 者 | 宣 |
| 放 | 於 | 無 |
| 侖 | 綸 | 也 |
| 須 | 倫 | 論 |

| | | | |
|---|---|---|---|
| 元 | 源 | 粧 | 繁 |
| 原 | 園 | 煩 | 樊 |
| 袁 | 援 | 番 | 藩 |

| | | | |
|---|---|---|---|
| 翻 | 鴛 | 怨 | 魂 |
| 反 | 冤 | 言 | 餛 |
| 諠 | 宛 | 軒 | 陷 |

| | | | |
|---|---|---|---|
| 昏 | 根 | 寒 | 汗 |
| 婚 | 恩 | 韓 | 單 |
| 痕 | 吞 | 翰 | 丹 |

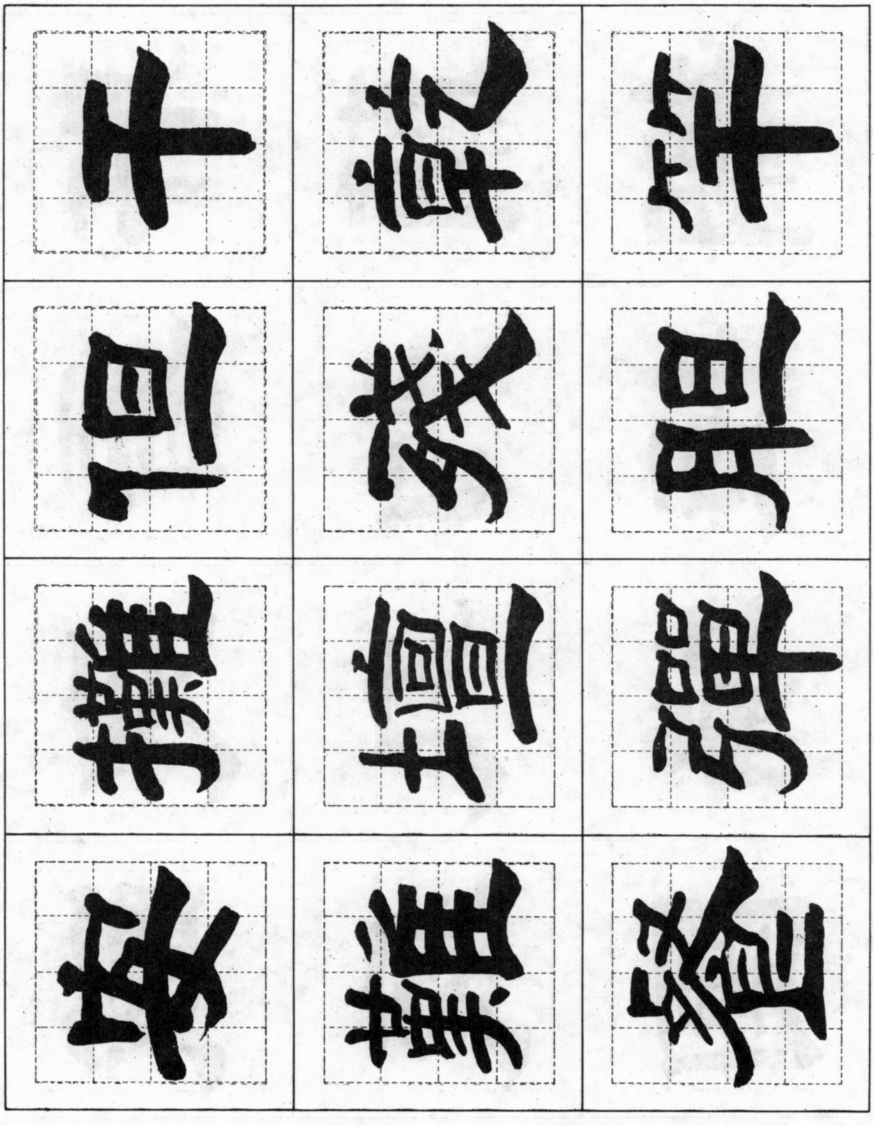

| | | | |
|---|---|---|---|
| 肝 | 看 | 完 | 酸 |
| 蘭 | 打 | 丸 | 痠 |
| 欄 | 桓 | 端 | 團 |

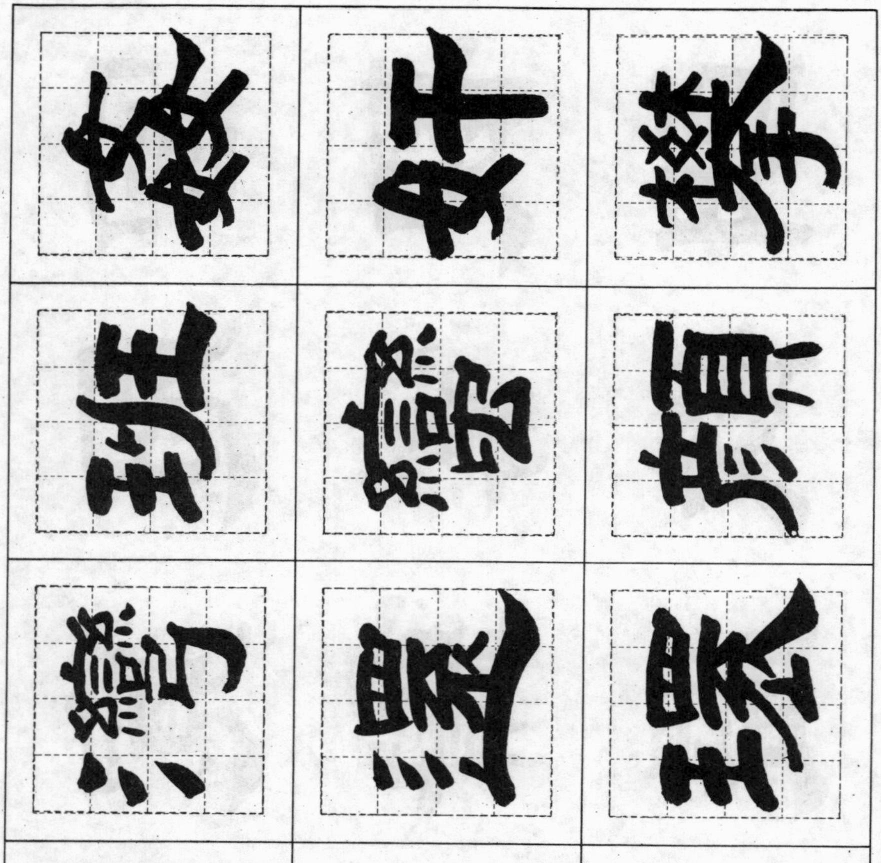

| | | | |
|---|---|---|---|
| 山 | 開 | 先 | 淇 |
| 間 | 漫 | 前 | 仟 |
| 艱 | 千 | 殘 | 杆 |

天 賢 煙 咽

肩 弦 烟 絃

堅 胭 燕 憐

| | | | |
|---|---|---|---|
| 淵 | 編 | 玄 | 仙 |
| 鵑 | 篇 | 懸 | 鮮 |
| 邊 | 縣 | 眩 | 錢 |

| | | | |
|---|---|---|---|
| 遷 | 燃 | 筵 | 鏈 |
| 煎 | 延 | 潺 | 蟬 |
| 然 | 氈 | 扇 | 纏 |

泉宣鐫
棉全偏
翩淞綿
連駢便

川 捐 旋 船

鉛 鳶 璿 鞭

穿 緣 娟 銓

椽傳攣

騫拳權

專栓虔

痊磚圓

蕭 簫 雕 條

挑 刁 彫 跳

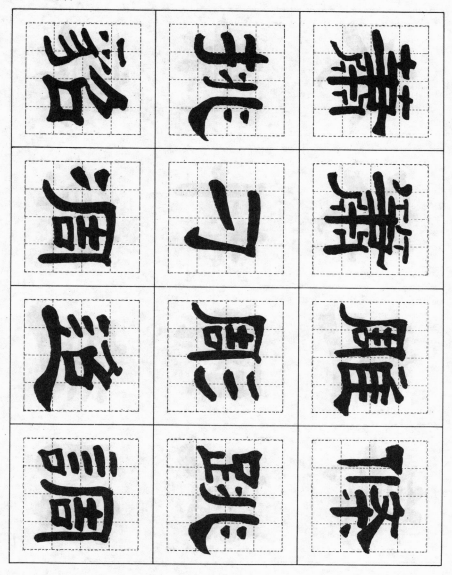

貂 凋 迢 調

廖僚寮
寥料撩
邀聊遼
鳥澆釣

| | | | |
|---|---|---|---|
| 堯 | 宵 | 逍 | 硝 |
| 么 | 消 | 綃 | 超 |
| 垚 | 霄 | 銷 | 朝 |

饒遥窯
嬌蕉椒
樵驕焦
晁潮枵

肴廟翹
橋妖漂
苗貓腰
招飄描

| | | | |
|---|---|---|---|
| 巢 | 茅 | 勦 | 胞 |
| 包 | 敲 | 抄 | 鈔 |
| 拋 | 泡 | 庖 | 咬 |

| | | | |
|---|---|---|---|
| 滔 | 皐 | 糕 | 勞 |
| 毫 | 岑 | 豪 | 宇 |
| 高 | 羔 | 撈 | 膏 |

濤掏糟
褒桃逃
髦刀袍
毛韜騷

| | | | |
|---|---|---|---|
| 槽 | 熬 | 操 | 哥 |
| 萄 | 曹 | 歌 | 蹉 |
| 遨 | 鰲 | 柯 | 多 |

鵝 邏 那 苛

馱 鋨 邏 可

娑 陀 俄 挪

科窠蝌
坡和禾
磨頗玻
魔波鸝

霞 殿 家
壽 語 花
心 英 華
驊 嗟 嘖

良詳陽
揚畫爹
些奎把
琶爬紗

| | | | |
|---|---|---|---|
| 洋 | 楊 | 粮 | 量 |
| 翔 | 祥 | 糧 | 香 |
| 痒 | 梁 | 涼 | 鄉 |

| | | | |
|---|---|---|---|
| 商 | 湯 | 樟 | 方 |
| 傷 | 防 | 昌 | 章 |
| 房 | 薑 | 障 | 倡 |

| | | | |
|---|---|---|---|
| 疆 | 姜 | 攘 | 箱 |
| 長 | 場 | 湘 | 芒 |
| 腸 | 張 | 將 | 創 |

相左讓蔣
娘莊豪滄
常床霜章

| | | | |
|---|---|---|---|
| 抱 | 償 | 堂 | 漿 |
| 裝 | 墻 | 塘 | 糖 |
| 嘗 | 槍 | 郎 | 棠 |

| | | | |
|---|---|---|---|
| 薔 | 匡 | 搶 | 王 |
| 鴦 | 央 | 彊 | 秧 |
| 殃 | 強 | 狂 | 芳 |

| | | | |
|---|---|---|---|
| 唐 | 狼 | 蒼 | 黃 |
| 廊 | 當 | 岡 | 剛 |
| 珮 | 倉 | 光 | 桑 |

横 肱 汪

皇 璜 惶

喪 綱 荒

鋼 康 崗

| | | | |
|---|---|---|---|
| 行 | 簧 | 藏 | 幫 |
| 湟 | 凰 | 囊 | 庚 |
| 潢 | 杭 | 傍 | 更 |

| | | | |
|---|---|---|---|
| 旁 | 羹 | 盲 | 彭 |
| 昂 | 坑 | 蝗 | 晴 |
| 藏 | 粳 | 澎 | 榜 |

| | | | |
|---|---|---|---|
| 亨 | 鎗 | 烹 | 驚 |
| 英 | 評 | 荊 | 盟 |
| 平 | 京 | 明 | 鳴 |

| | | | |
|---|---|---|---|
| 澄 | 兵 | 瑩 | 笙 |
| 兄 | 榮 | 生 | 鯨 |
| 卿 | 衡 | 迎 | 牲 |

| | | | |
|---|---|---|---|
| 耕 | 嶸 | 鶯 | 崢 |
| 氓 | 莖 | 櫻 | 轟 |
| 宏 | 丁 | 鸚 | 橙 |

| | | | |
|---|---|---|---|
| 棚 | 清 | 盈 | 楹 |
| 泓 | 晶 | 情 | 營 |
| 爭 | 旌 | 瀛 | 嬰 |

| | | | |
|---|---|---|---|
| 纓 | 偵 | 誠 | 輕 |
| 貞 | 成 | 呈 | 盛 |
| 禎 | 城 | 征 | 聲 |

| | | | |
|---|---|---|---|
| 正 | 傾 | 并 | 青 |
| 屏 | 令 | 瓊 | 經 |
| 法 | 名 | 頸 | 聽 |

| | | | |
|---|---|---|---|
| 形 | 停 | 錦 | 鈴 |
| 型 | 刑 | 靈 | 冥 |
| 庭 | 馨 | 鴿 | 聽 |

| | | | |
|---|---|---|---|
| 星 | 廷 | 苓 | 玲 |
| 迅 | 亭 | 伶 | 瑩 |
| 齡 | 腥 | 廳 | 銘 |

| | | | |
|---|---|---|---|
| 且 | 訂 | 萍 | 汀 |
| 冷 | 瓶 | 螢 | 蒸 |
| 寧 | 町 | 扃 | 陵 |

昇應競凝
繩升矜稱
勝仍徵興

| | | | |
|---|---|---|---|
| 登 | 曾 | 燈 | 鵬 |
| 僧 | 崩 | 層 | 琪 |
| 稜 | 增 | 朋 | 弘 |

膾膳膝憂能膳腹留胎優鄞流

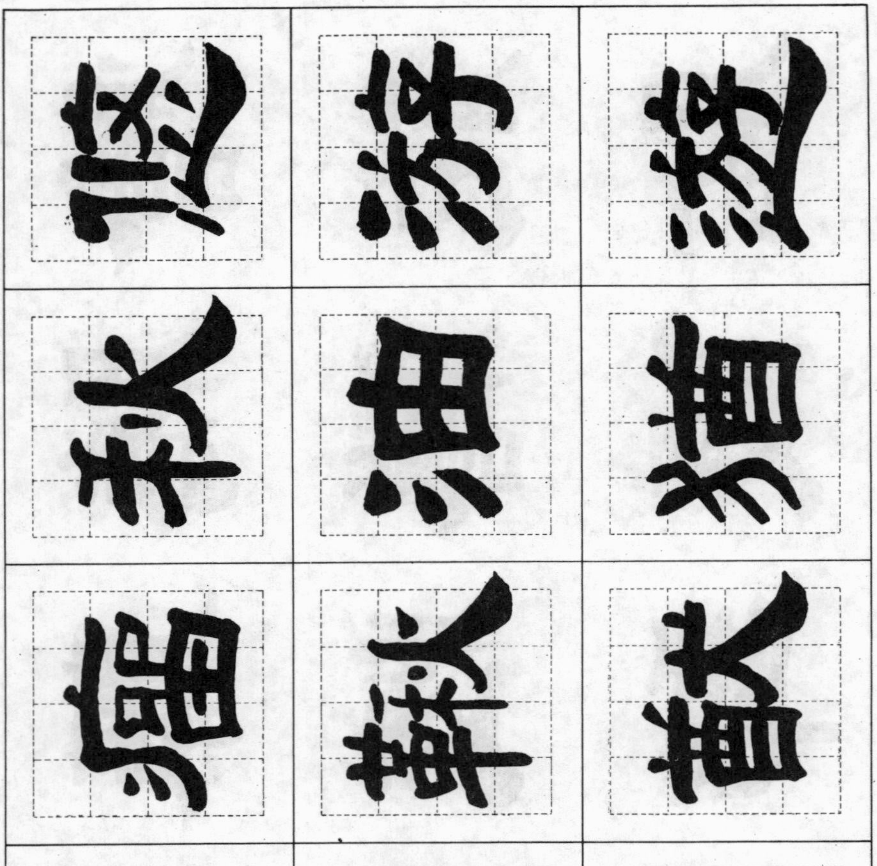

| | | | |
|---|---|---|---|
| 丘 | 酬 | 鳩 | 不 |
| 州 | 蹂 | 邱 | 愁 |
| 仇 | 搜 | 鄒 | 休 |

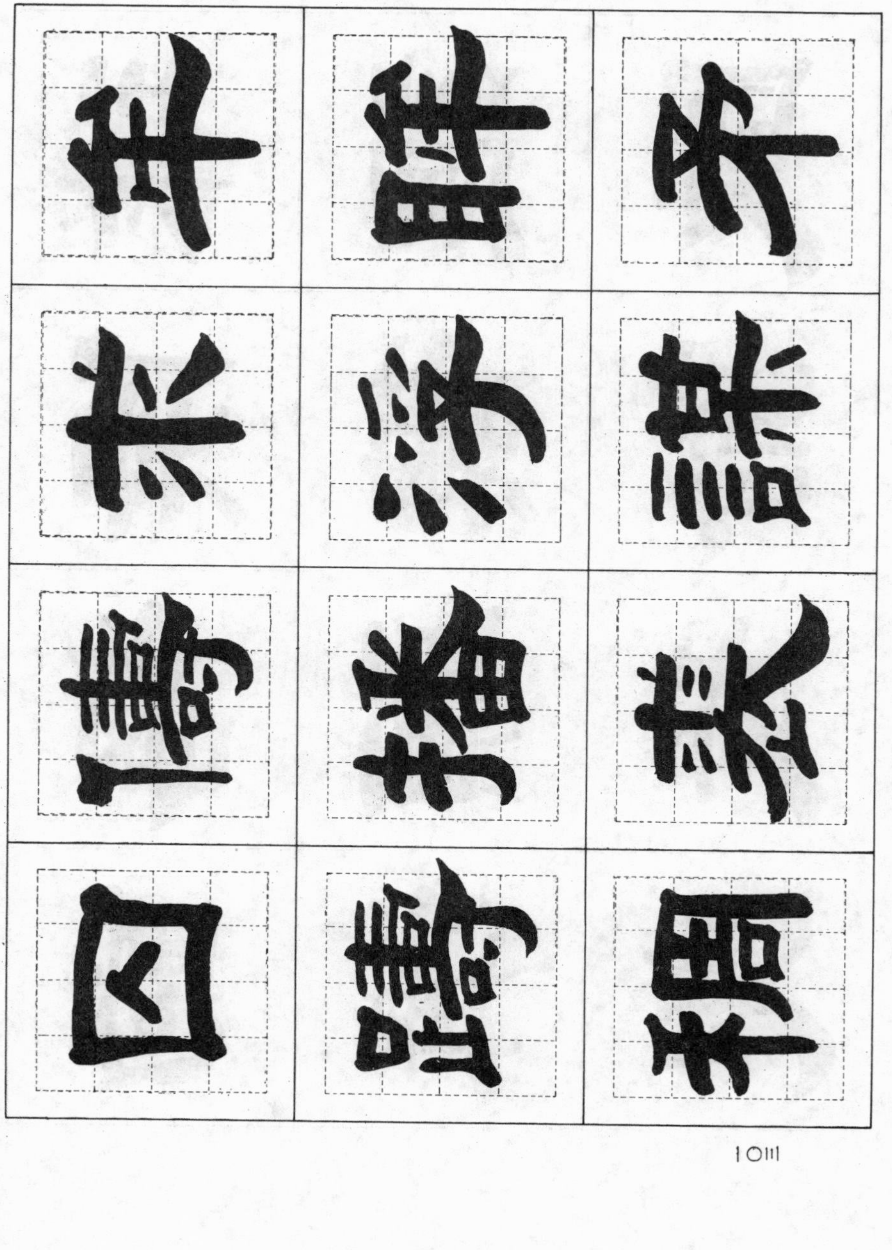

| | | |
|---|---|---|
| 歐 | 詞 | 珠 |
| 偷 | 攘 | 僕 |
| 投 | 須 | 搭 |
| 與 | 溝 | 鈎 |

| | | | |
|---|---|---|---|
| 林 | 霖 | 淋 | 枕 |
| 臨 | 針 | 沈 | 淫 |
| 斟 | 沉 | 任 | 琴 |

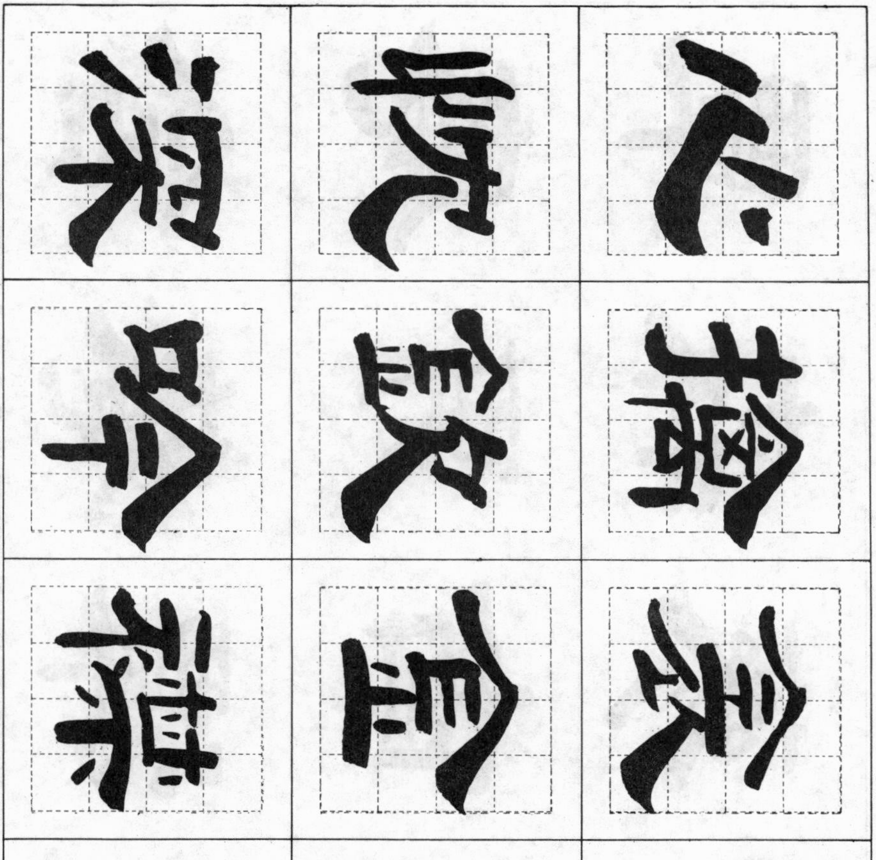

| | | | |
|---|---|---|---|
| 令 | 蓼 | 森 | 覃 |
| 音 | 南 | 男 | 庵 |
| 陰 | 潭 | 菴 | 含 |

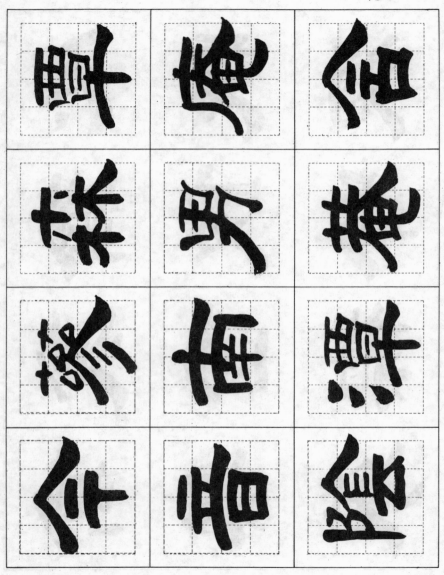

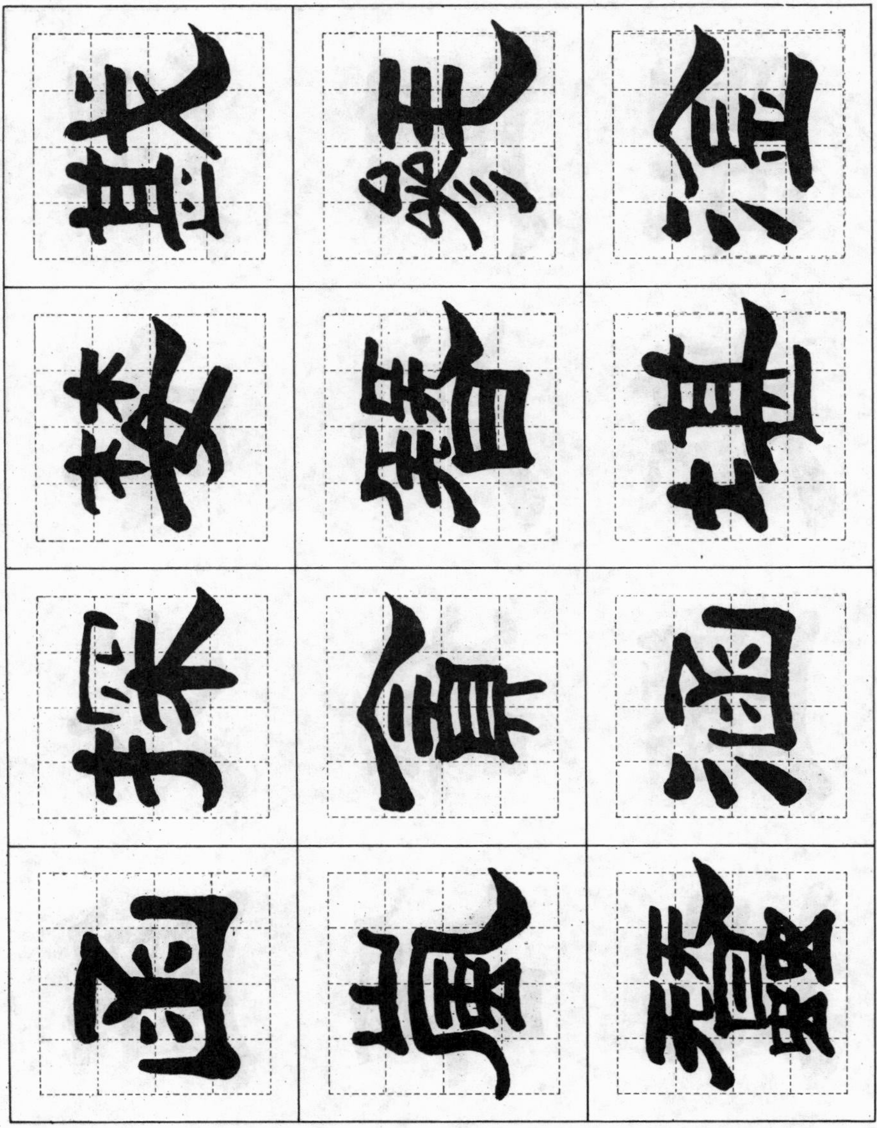

| | | | |
|---|---|---|---|
| 廉 | 籤 | 鹹 | 淹 |
| 咖 | 簾 | 髯 | 冉 |
| 纖 | 臉 | 沾 | 占 |

| | | | |
|---|---|---|---|
| 炎 | 漸 | 添 | 謙 |
| 黏 | 粘 | 佔 | 咸 |
| 犬 | 潛 | 甜 | 杉 |

| | | | |
|---|---|---|---|
| 兼 | 銜 | 玖 | 嚴 |
| 拈 | 巖 | 監 | 凡 |
| 岩 | 衫 | 嵌 | 帆 |

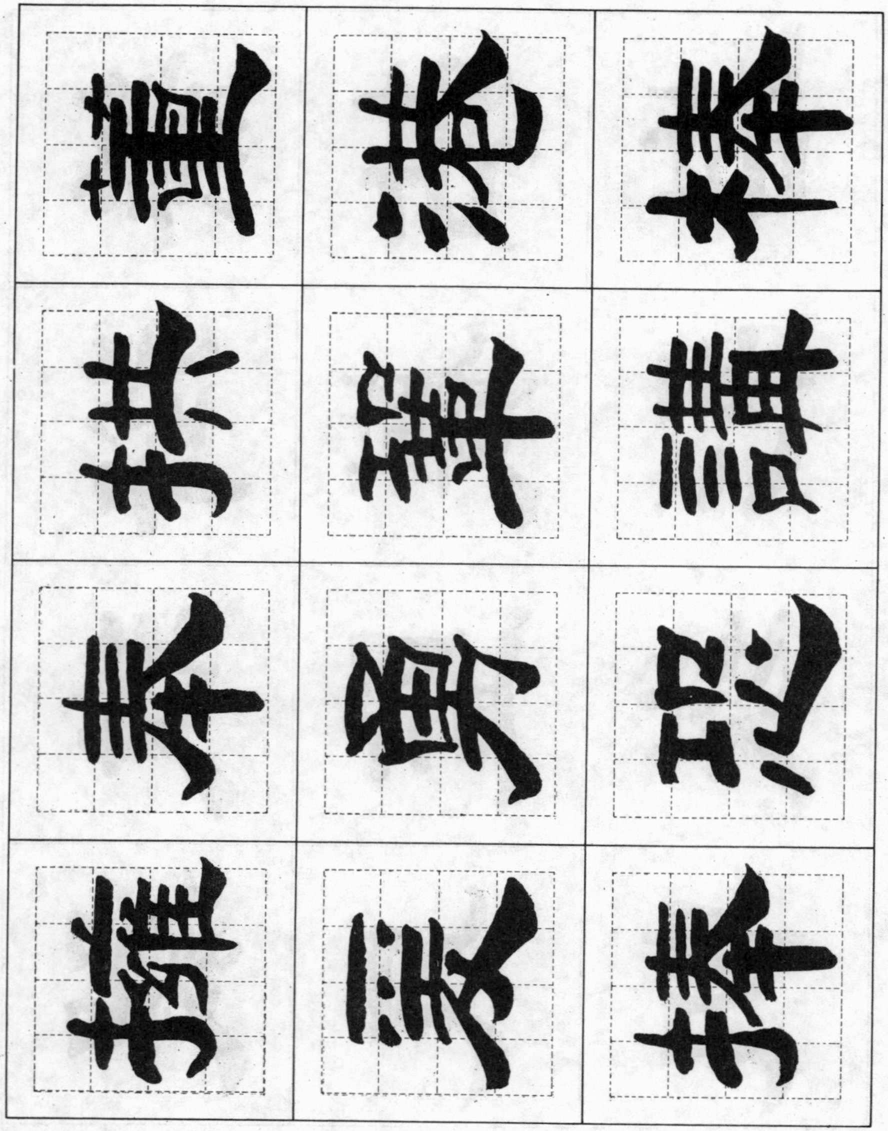

| | | | |
|---|---|---|---|
| 項 | 咫 | 佐 | 椅 |
| 硃 | 抵 | 滄 | 蟻 |
| 只 | 是 | 倚 | 蕊 |

| | | | |
|---|---|---|---|
| 彼 | 劇 | 砥 | 蛾 |
| 孔 | 煅 | 詭 | 此 |
| 靡 | 佰 | 髓 | 飣 |

| | | |
|---|---|---|
| 伸 | 灑 | 洗 |
| 侈 | 婢 | 爾 |
| 豸 | 紫 | 弛 |
| 言 | 件 | 捷 |

| | | | |
|---|---|---|---|
| 爾 | 捍 | 鄙 | 八 |
| 指 | 詐 | 瘩 | 虎 |
| 底 | 美 | 兇 | 妣 |

| | | | |
|---|---|---|---|
| 机 | 究 | 雉 | 壘 |
| 凶 | 矢 | 死 | 水 |
| 軌 | 匭 | 頄 | 揆 |

| | | | |
|---|---|---|---|
| 癸 | 址 | 紀 | 己 |
| 否 | 市 | 恃 | 祀 |
| 止 | 喜 | 以 | 似 |

| | | | |
|---|---|---|---|
| 汜 | 使 | 李 | 擬 |
| 史 | 里 | 卡 | 鹵 |
| 耳 | 鯉 | 梓 | 恥 |

仕子尾

杞士俟

始痔起

理裏駿

豈 棲 葦 宏

渠 匪 鬼 竟

斐 偉 婓 語

褚蔡女楚

郎負拒亘

書許所阻

| | | | |
|---|---|---|---|
| 擎 | 敘 | 去 | 墅 |
| 礎 | 序 | 做 | 禹 |
| 莒 | 緒 | 羽 | 雨 |

| | | | |
|---|---|---|---|
| 宇 | 聚 | 斧 | 鵡 |
| 寓 | 脯 | 舞 | 柱 |
| 甫 | 府 | 武 | 腑 |

| | | | |
|---|---|---|---|
| 愈 | 樹 | 乳 | 取 |
| 腐 | 主 | 矩 | 土 |
| 豎 | 迂 | 數 | 媽 |

| | | | |
|---|---|---|---|
| 杜 | 勇 | 古 | 鼓 |
| 魯 | 肚 | 賭 | 鈷 |
| 滷 | 堵 | 股 | 賈 |

| | | | |
|---|---|---|---|
| 五 | 午 | 組 | 苦 |
| 簿 | 粗 | 伍 | 努 |
| 部 | 虎 | 塢 | 祜 |

| | | | |
|---|---|---|---|
| 琥 | 戶 | 譜 | 禮 |
| 雇 | 普 | 圃 | 礼 |
| 滬 | 浦 | 澧 | 豊 |

真陛敲孝

解水無卽

觸泳馬賢

| | | | |
|---|---|---|---|
| 罷 | 夥 | 磊 | 罪 |
| 捼 | 楷 | 蕾 | 腿 |
| 闢 | 賄 | 儡 | 匯 |

| | | | |
|---|---|---|---|
| 痱 | 海 | 載 | 改 |
| 傀 | 凱 | 詩 | 怠 |
| 璀 | 宰 | 乃 | 亥 |

| | | | |
|---|---|---|---|
| 采 | 在 | 軫 | 矧 |
| 彩 | 倍 | 賢 | 綵 |
| 等 | 菇 | 忍 | 疹 |

探書引賢
診圖關準
繫專數門

| | | | |
|---|---|---|---|
| 淮 | 筍 | 盾 | 犢 |
| 允 | 爭 | 吻 | 粉 |
| 尹 | 蠢 | 部 | 你 |

| | | | |
|---|---|---|---|
| 隱 | 槿 | 逮 | 云 |
| 擲 | 阮 | 晚 | 挽 |
| 究 | 偃 | 娩 | 阪 |

損穩遁

混渾本

苑飯圈

卷婉菀

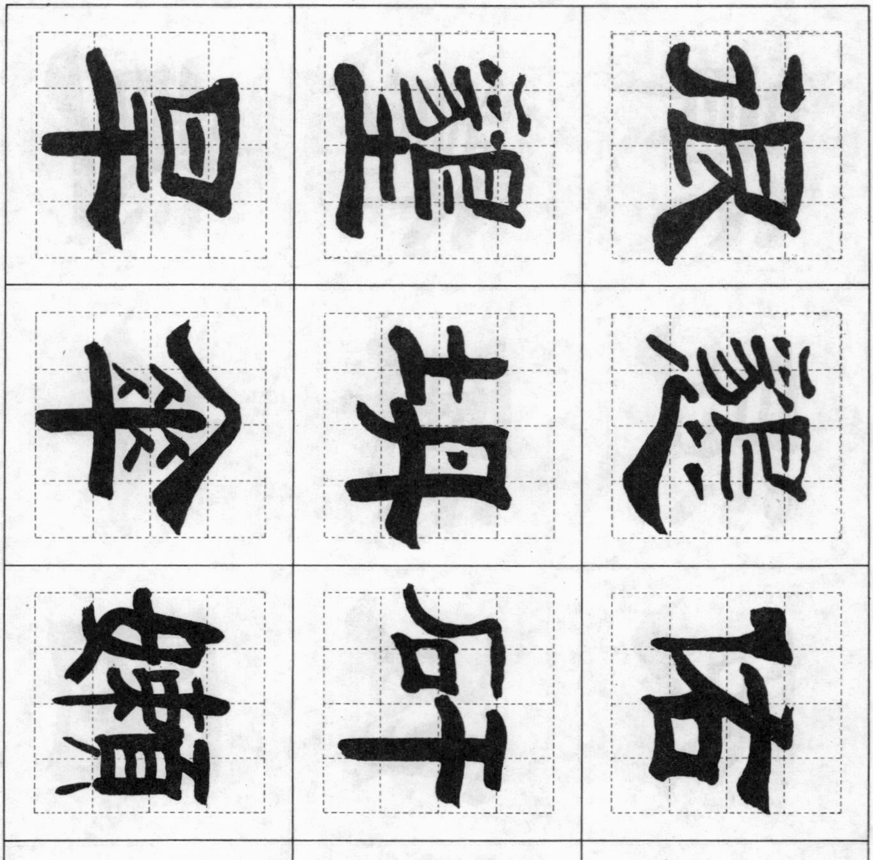

浣 瘓 盥 纂

灘 管 款 伴

擴 算 暖 滿

| | | | |
|---|---|---|---|
| 版 | 產 | 簡 | 孱 |
| 皖 | 汕 | 柬 | 碘 |
| 撰 | 限 | 棧 | 顯 |

| | | | |
|---|---|---|---|
| 展 | 辨 | 轉 | 篆 |
| 淺 | 善 | 捲 | 選 |
| 闡 | 剪 | 軟 | 喘 |

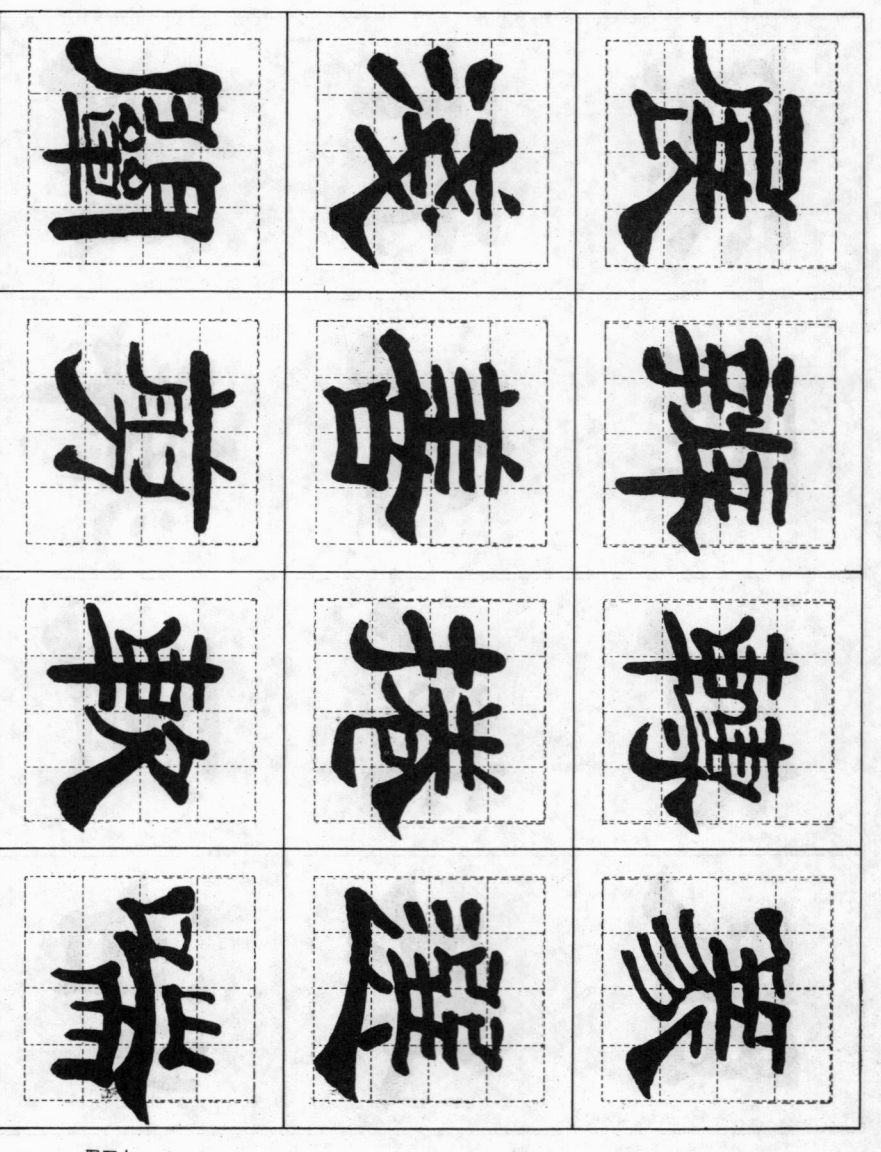

| | | | |
|---|---|---|---|
| 免 | 皎 | 小 | 趙 |
| 勉 | 鳥 | 北 | 少 |
| 冕 | 了 | 肇 | 擾 |

| | | | |
|---|---|---|---|
| 淼 | 泰 | 狡 | 老 |
| 絡 | 巧 | 爪 | 道 |
| 矯 | 卯 | 浩 | 稻 |

| | | | |
|---|---|---|---|
| 我 | 果 | 腦 | 襖 |
| 娜 | 菓 | 鎖 | 生 |
| 左 | 朵 | 妥 | 裸 |

| | | | |
|---|---|---|---|
| 夏 | 捨 | 把 | 挂 |
| 寫 | 姐 | 舍 | 瓦 |
| 社 | 廈 | 踝 | 寡 |

| | | | |
|---|---|---|---|
| 槎 | 象 | 養 | 箋 |
| 跨 | 蒼 | 掩 | 像 |
| 妊 | 瀉 | 癢 | 獎 |

| | | | |
|---|---|---|---|
| 雨 | 仰 | 想 | 響 |
| 槳 | 痺 | 掌 | 享 |
| 島 | 愴 | 爽 | 敞 |

綱伯往

賞仿仗

氷昶壤

丈敞襁

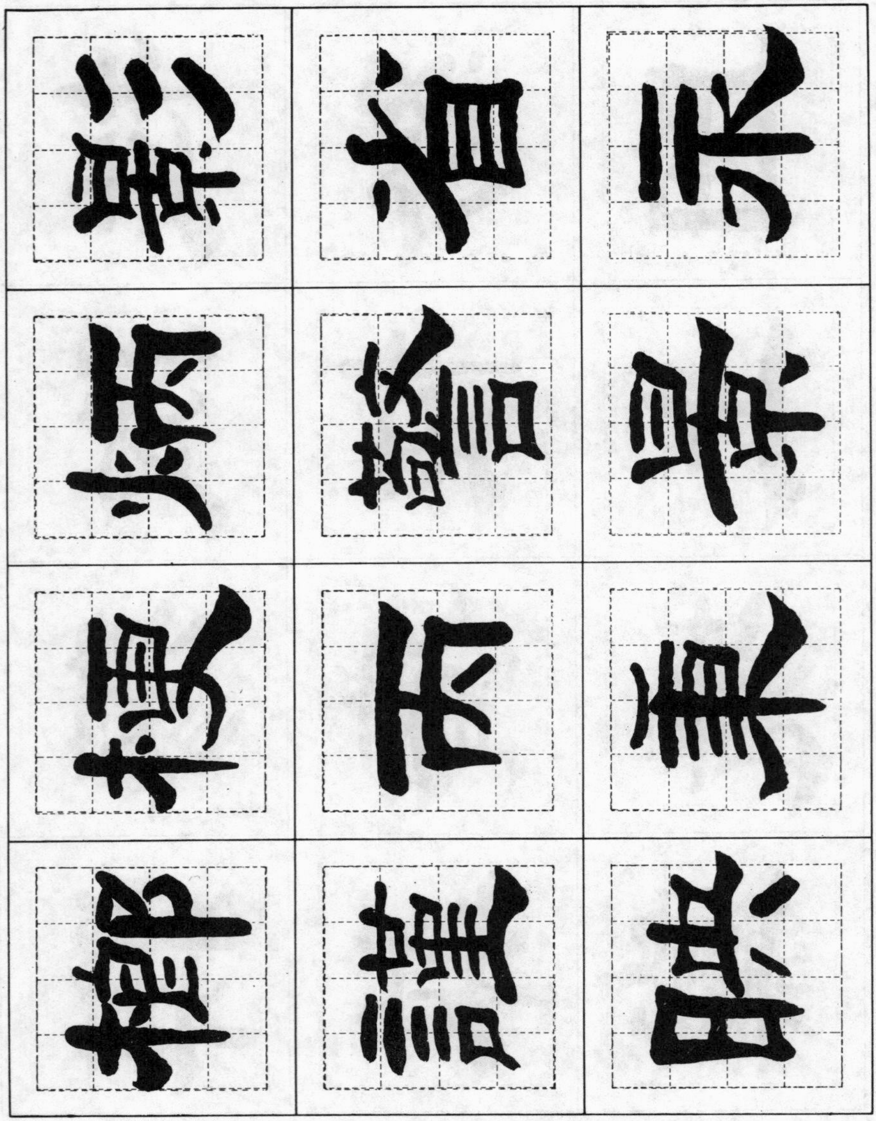

幸
靜
靖
檸
耿
龜
礦
打
返
猛
杏
皿

灶井項
嶺頻餅
鑛郢領
整逞穎

| | | | |
|---|---|---|---|
| 焿 | 茗 | 挺 | 洗 |
| 請 | 頂 | 每 | 醒 |
| 烱 | 鼎 | 霆 | 並 |

| | | | |
|---|---|---|---|
| 艇 | 有 | 右 | 丑 |
| 拯 | 肯 | 柳 | 肘 |
| 証 | 友 | 紐 | 朽 |

| | | | |
|---|---|---|---|
| 九 | 非 | 醜 | 着 |
| 久 | 手 | 負 | 缶 |
| 首 | 守 | 阜 | 妙 |

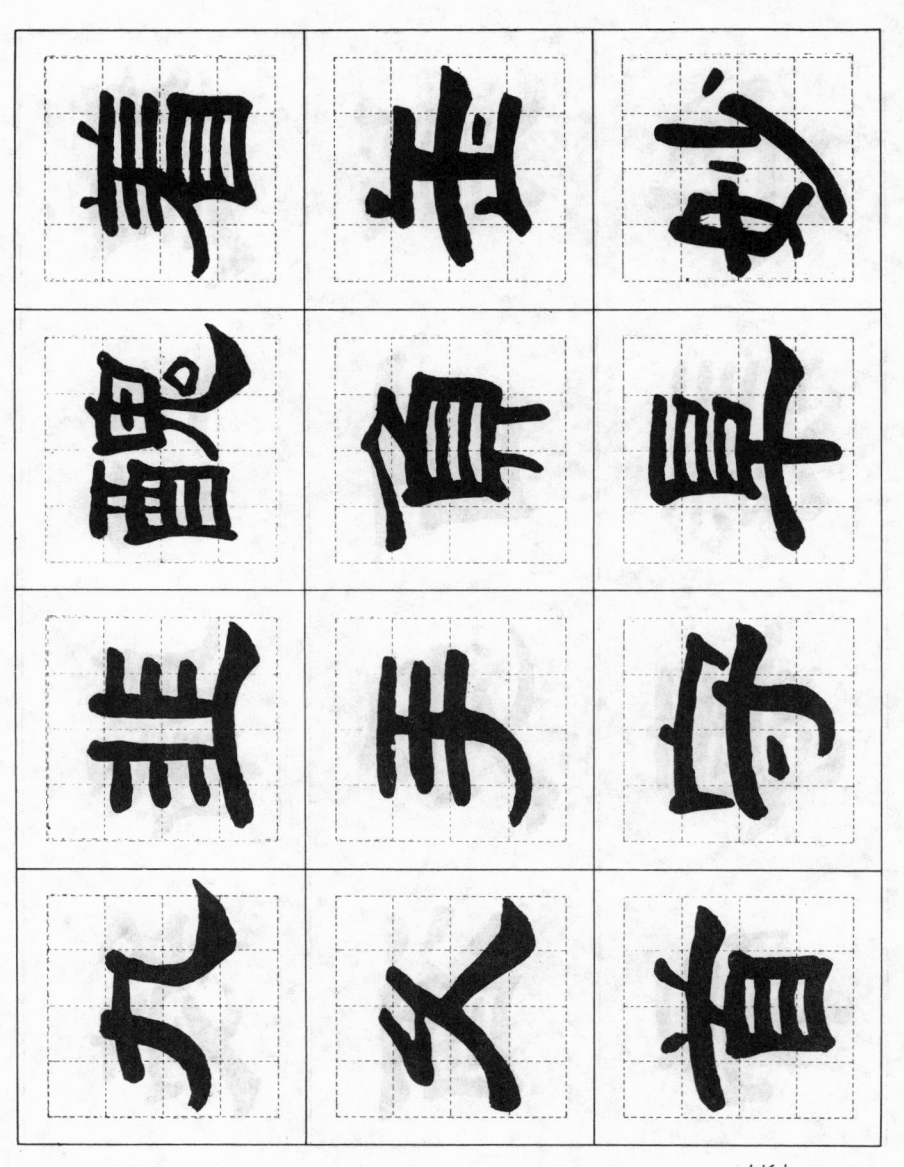

藕 走 扣 狗

吼 口 趣 偶

悔 姍 叩 叟

| | | | |
|---|---|---|---|
| 厚 | 母 | 畝 | 斗 |
| 炮 | 牡 | 既 | 苟 |
| 后 | 某 | 婦 | 柑 |

揜歛敢感

覽撤攬贛

險蛋膽撼

范濫犯
艦範鳳
斬礁檻
減湛鹼

| | | | |
|---|---|---|---|
| 送 | 弄 | 糉 | 俘 |
| 貢 | 捌 | 粽 | 筒 |
| 皋 | 控 | 甕 | 仲 |

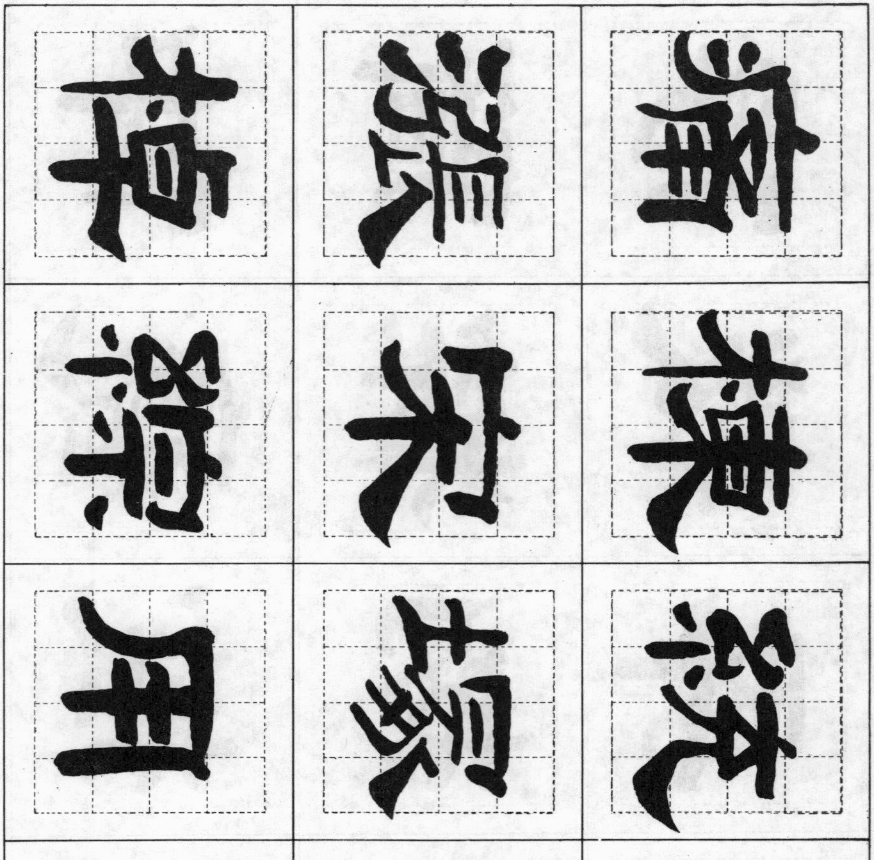

| | | | |
|---|---|---|---|
| 巷 | 避 | 積 | 累 |
| 衖 | 荔 | 賜 | 寄 |
| 伎 | 豉 | 被 | 臂 |

軔誼義企
旺漬悅翅
議智懋施

進敢莊視

闕樂蔣訖

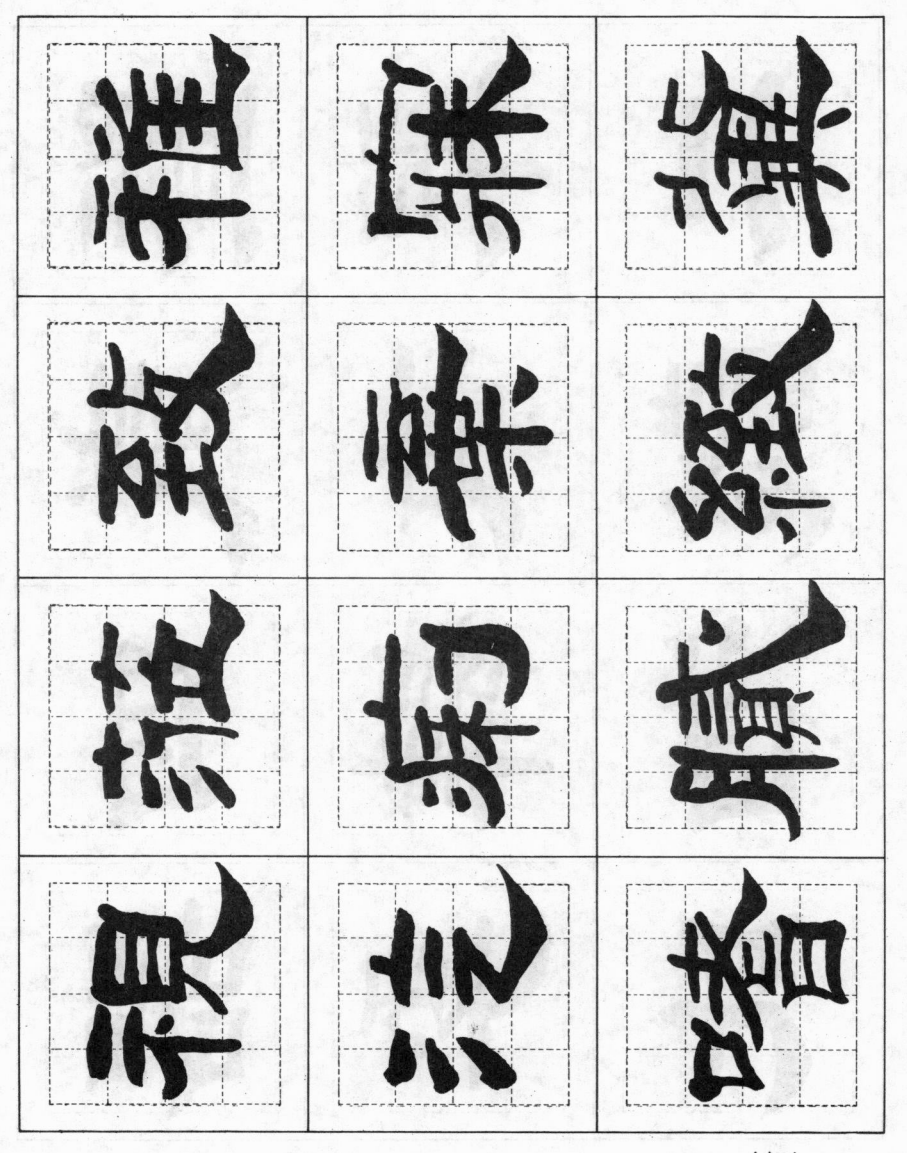

雜發讀語

氏具說二
李書於十
語目

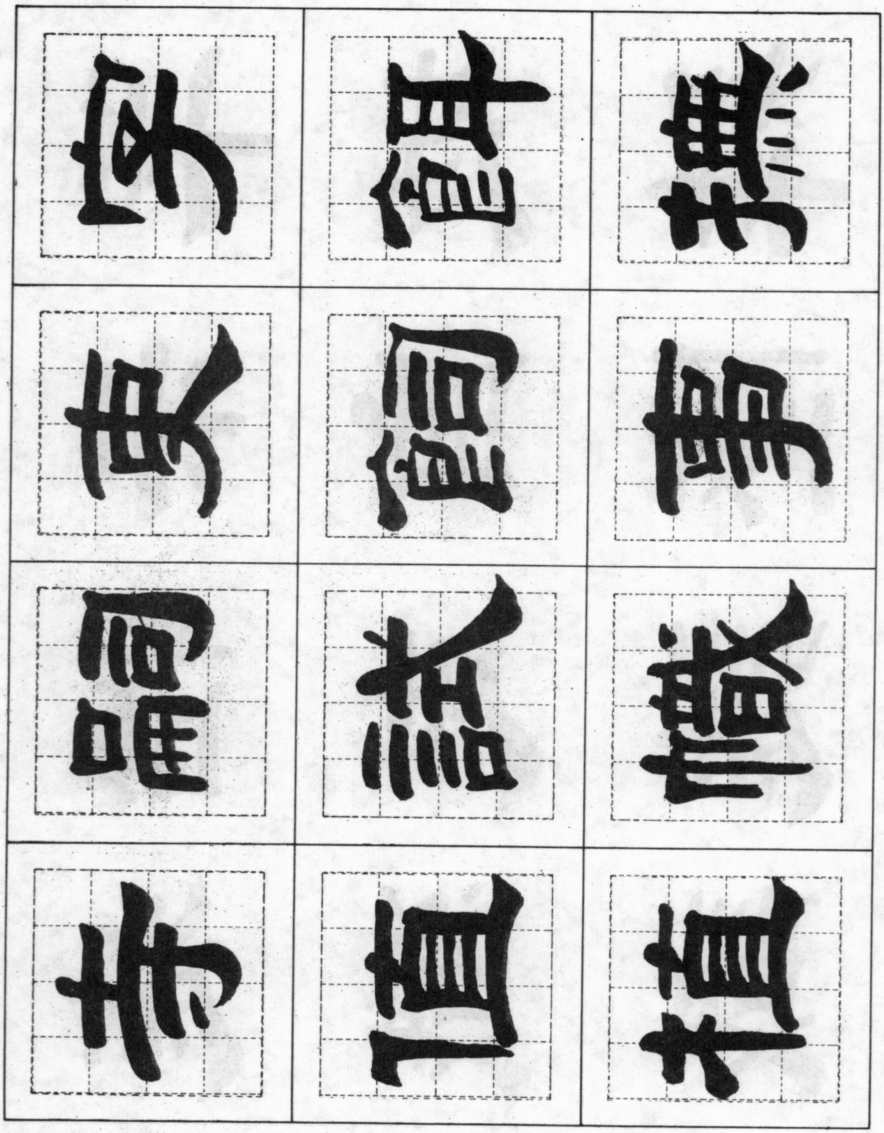

| | | | |
|---|---|---|---|
| 妮 | 畏 | 意 | 未 |
| 廁 | 置 | 記 | 貴 |
| 異 | 侍 | 嬉 | 胃 |

| | | | |
|---|---|---|---|
| 味 | 渭 | 慰 | 翡 |
| 謂 | 魏 | 卉 | 韮 |
| 緯 | 庇 | 精 | 氣 |

| | | | |
|---|---|---|---|
| 御 | 付 | 薯 | 翥 |
| 憲 | 署 | 庶 | 絮 |
| 據 | 搪 | 恕 | 助 |

運 望 預

豫 厲 彌

指 阿 往

成 可 注

裕 務 霧 賦

孺 懼 辯 註

赴 具 閒 傳

| | | | |
|---|---|---|---|
| 搏 | 暮 | 路 | 妒 |
| 娶 | 慕 | 瘵 | 免 |
| 屢 | 渡 | 鷺 | 碱 |

| | | | |
|---|---|---|---|
| 佈 | 庫 | 步 | 帝 |
| 醋 | 恤 | 哺 | 裨 |
| 措 | 捕 | 濟 | 剃 |

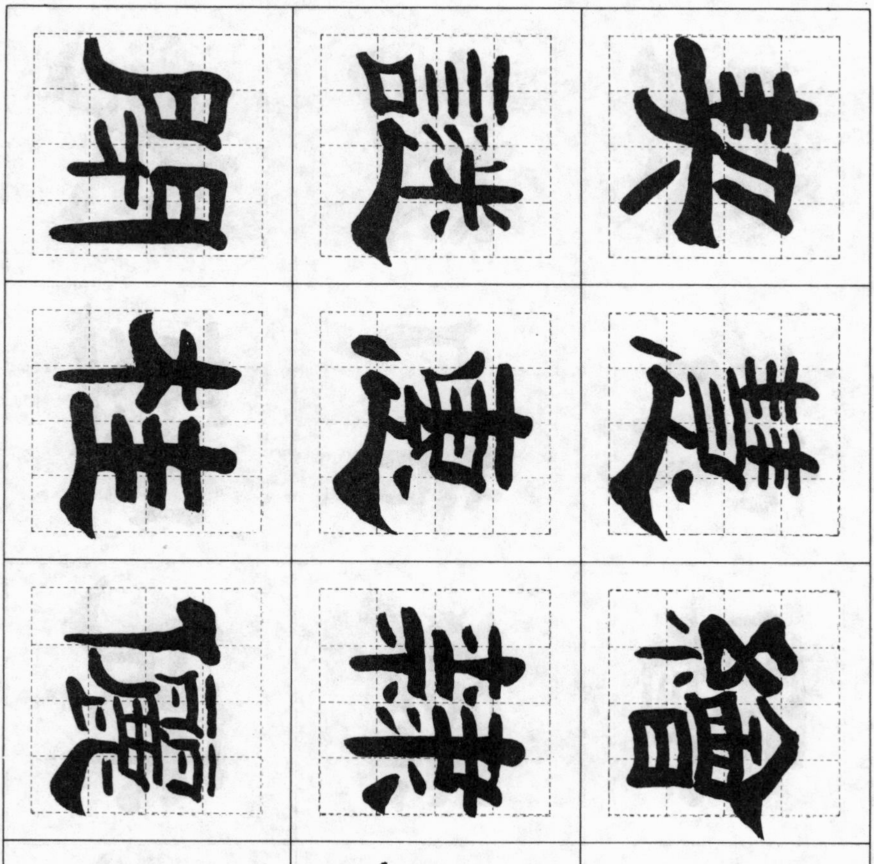

| | | | |
|---|---|---|---|
| 誓 | 摯 | 滯 | 憩 |
| 泄 | 洩 | 厲 | 世 |
| 裔 | 藝 | 例 | 勢 |

快 敗 隊 妹

扒 話 佩 莓

邁 塞 背 臟

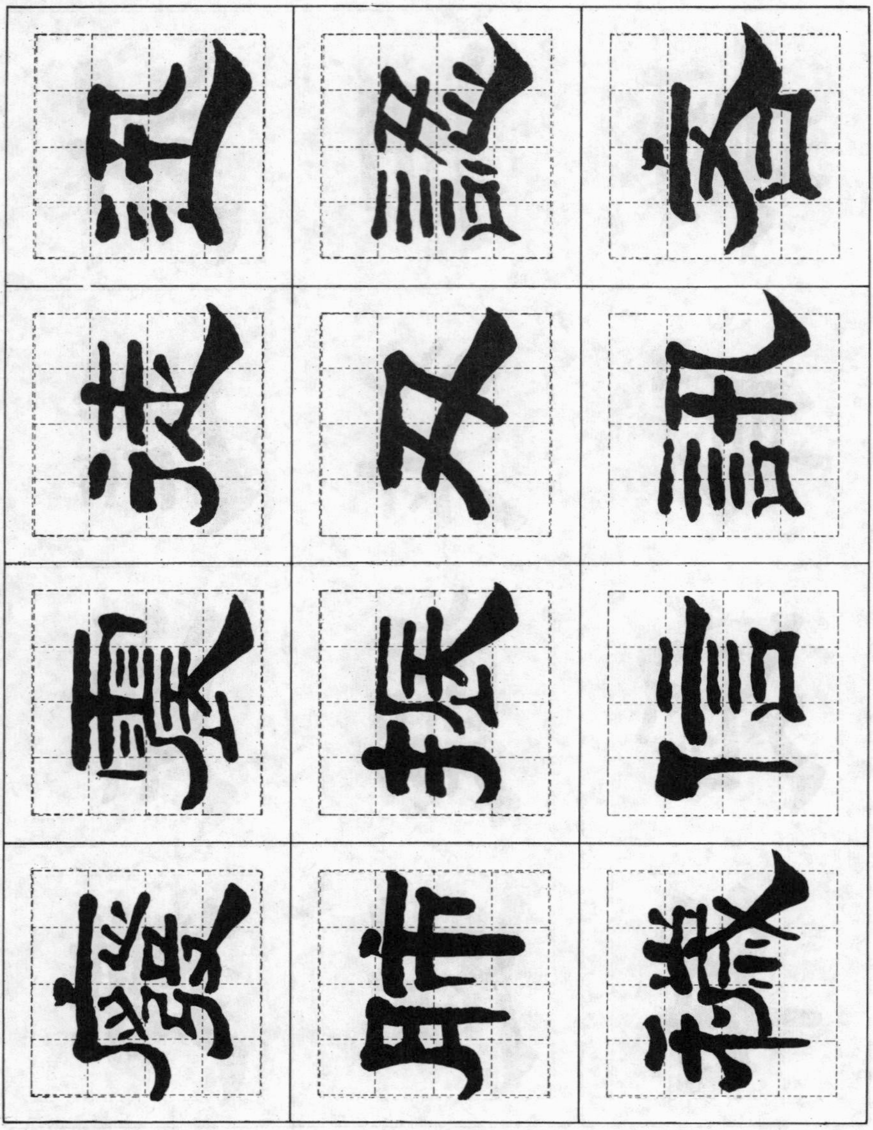

| | | | |
|---|---|---|---|
| 遴 | 慎 | 晉 | 僅 |
| 燐 | 陣 | 進 | 襯 |
| 殯 | 距 | 鎮 | 印 |

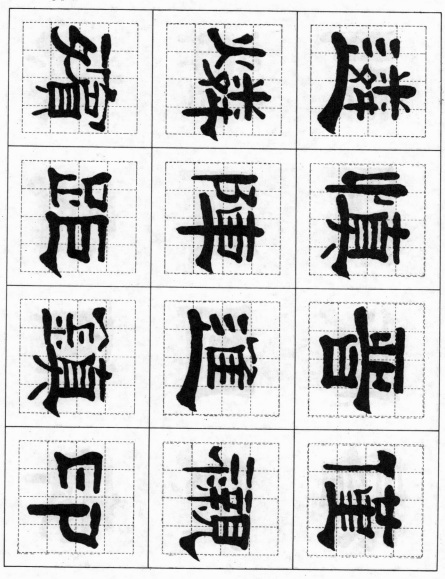

| | | | |
|---|---|---|---|
| 濬 | 駿 | 潤 | 訓 |
| 俊 | 閏 | 問 | 韻 |
| 舜 | 順 | 運 | 冀 |

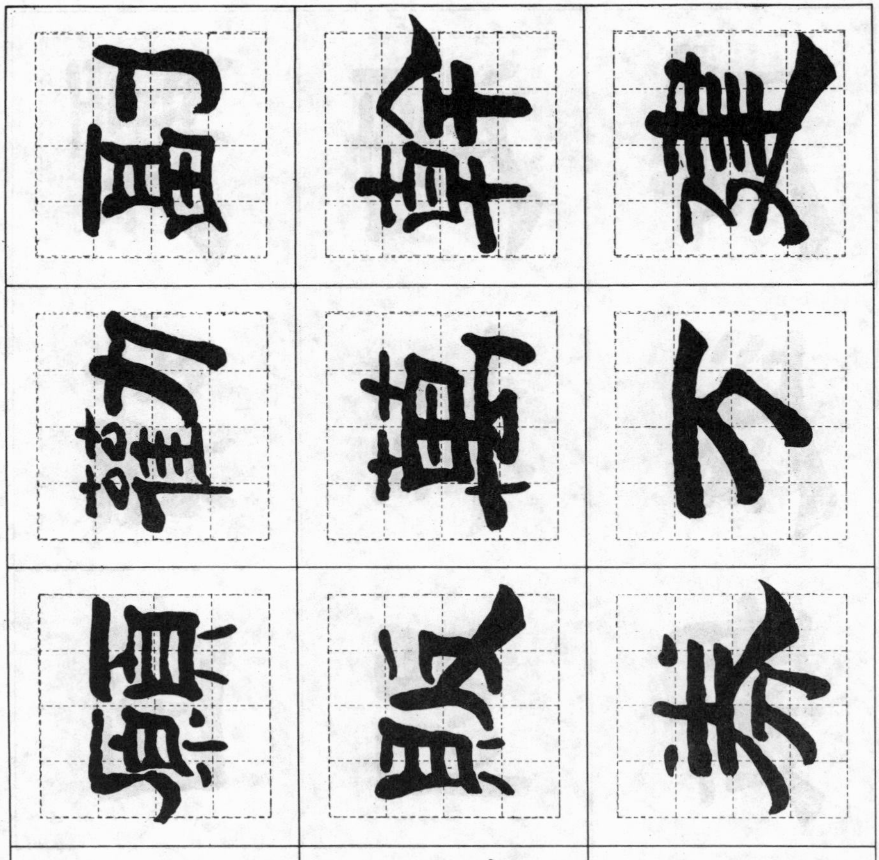

| | | | |
|---|---|---|---|
| 獻 | 頓 | 國 | 嵌 |
| 憲 | 巽 | 悶 | 寸 |
| 健 | 遜 | 嫩 | 恨 |

斷 彖 煥

竄 段 亂

貫 館 灌

燦 讚 換

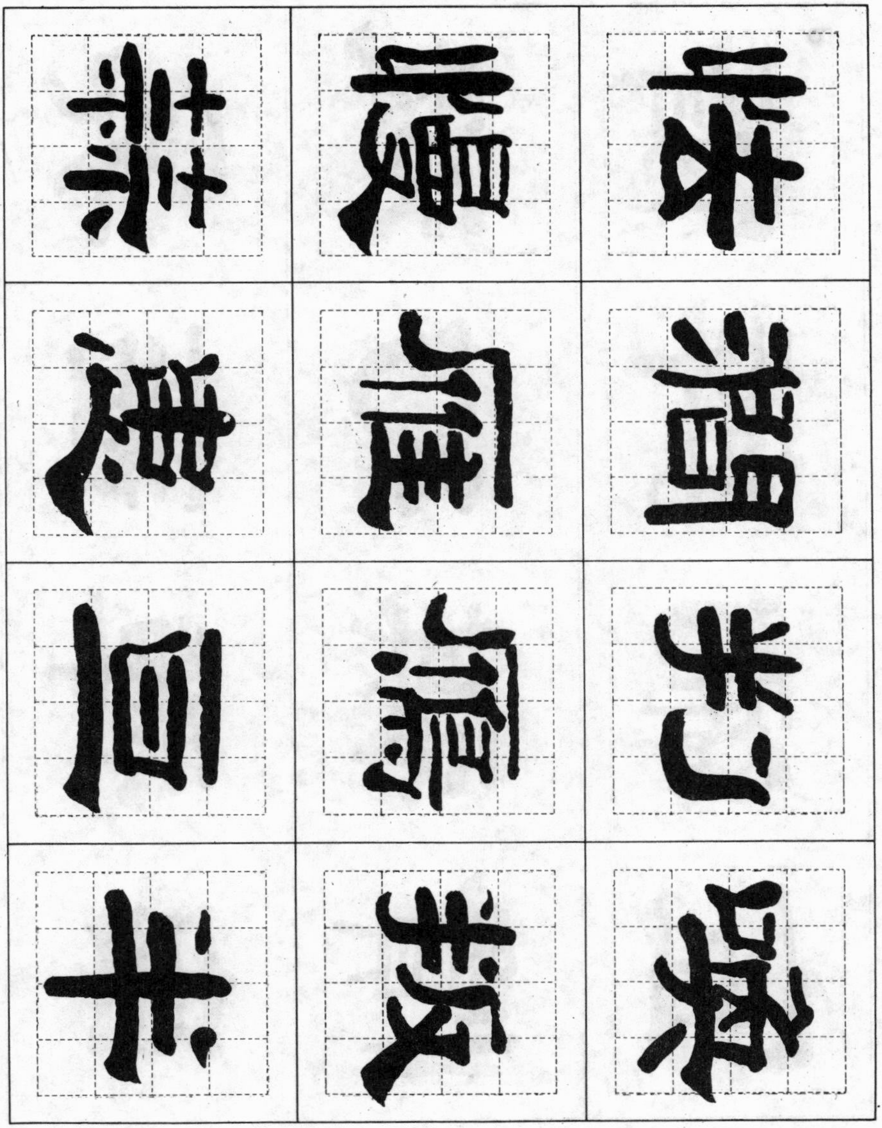

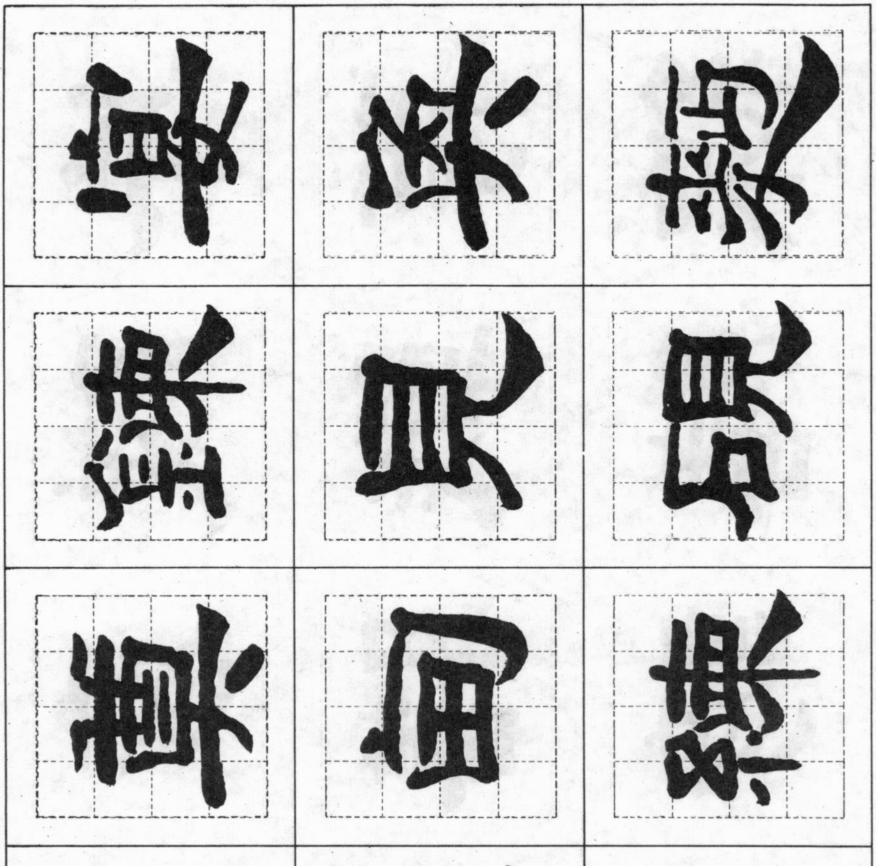

| | | | |
|---|---|---|---|
| 爆 | 跑 | 導 | 吉 |
| 貌 | 號 | 盜 | 稜 |
| 鬧 | 号 | 到 | 傲 |

| | | | |
|---|---|---|---|
| 帽 | 暴 | 奧 | 箇 |
| 澳 | 冒 | 靠 | 瀑 |
| 造 | 報 | 竈 | 個 |

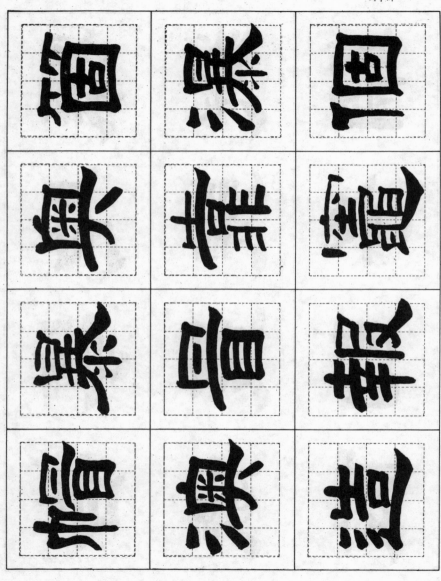

| | | | |
|---|---|---|---|
| 插 | 洽 | 駕 | 賀 |
| 餓 | 貨 | 嫁 | 佐 |
| 蚵 | 押 | 架 | 邏 |

| | | | |
|---|---|---|---|
| 價 | 乍 | 佚 | 射 |
| 亞 | 謝 | 藉 | 卸 |
| 嚇 | 暇 | 夜 | 匣 |

| | | | |
|---|---|---|---|
| 恙 | 狀 | 暢 | 綢 |
| 亮 | 向 | 釀 | 尚 |
| 讓 | 帳 | 匠 | 瘴 |

| | | | |
|---|---|---|---|
| 浪 | 鏡 | 命 | 壯 |
| 敬 | 競 | 病 | 唱 |
| 曠 | 慶 | 孟 | 醬 |

| | | | |
|---|---|---|---|
| 柄 | 勁 | 鄭 | 性 |
| 泳 | 政 | 姓 | 鈞 |
| 硬 | 聖 | 淨 | 徑 |

富畜溜舊瘦皺臭袖呪祐晝獸

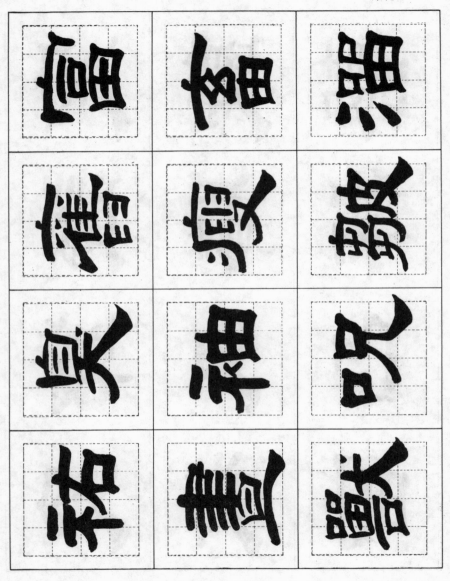

| | | | |
|---|---|---|---|
| 複 | 授 | 候 | 秀 |
| 柚 | 貼 | 後 | 繡 |
| 售 | 覆 | 燮 | 就 |

| | | | |
|---|---|---|---|
| 寇 | 戊 | 鬪 | 秦 |
| 茂 | 仆 | 鬥 | 透 |
| 賀 | 豆 | 嗽 | 嫌 |

| | | | |
|---|---|---|---|
| 纘 | 厭 | 念 | 鑵 |
| 暫 | 驗 | 店 | 墊 |
| 豔 | 峨 | 殮 | 陷 |

僕木腹

曝樸卜

角族鑿

鹿祿濼

| | | | |
|---|---|---|---|
| 沐 | 復 | 六 | 菊 |
| 福 | 服 | 陸 | 育 |
| 伏 | 縮 | 逐 | 熟 |

| | | | |
|---|---|---|---|
| 掬 | 粥 | 祝 | 築 |
| 淑 | 鞠 | 蓄 | 郁 |
| 毓 | 叔 | 竹 | 肅 |

玉目沃督

宿睦毒酷

夙牧篤燭

| | | | |
|---|---|---|---|
| 屬 | 局 | 東 | 錄 |
| 獄 | 蜀 | 浴 | 曲 |
| 旭 | 辱 | 欲 | 足 |

| | | | |
|---|---|---|---|
| 贖 | 俗 | 嶽 | 朔 |
| 促 | 粟 | 岳 | 琢 |
| 續 | 覺 | 捉 | 卓 |

| | | | |
|---|---|---|---|
| 桌 | 葯 | 日 | 姪 |
| 紉 | 學 | 實 | 迷 |
| 確 | 質 | 秩 | 膝 |

律出橘
筆術述
密攬乙
畢义王

| | | | |
|---|---|---|---|
| 佛 | 迄 | 拔 | 日 |
| 訖 | 罰 | 越 | 掘 |
| 月 | 伐 | 粵 | 闕 |

| | | | |
|---|---|---|---|
| 髮 | 發 | 沒 | 歿 |
| 襪 | 歇 | 骨 | 滑 |
| 謁 | 竭 | 勃 | 突 |

| | | |
|---|---|---|
| 志 | 聞 | 奪 |
| 未 | 撥 | 擔 |
| 無 | 違 | 達 |
| 終 | 凡 | 庭 |

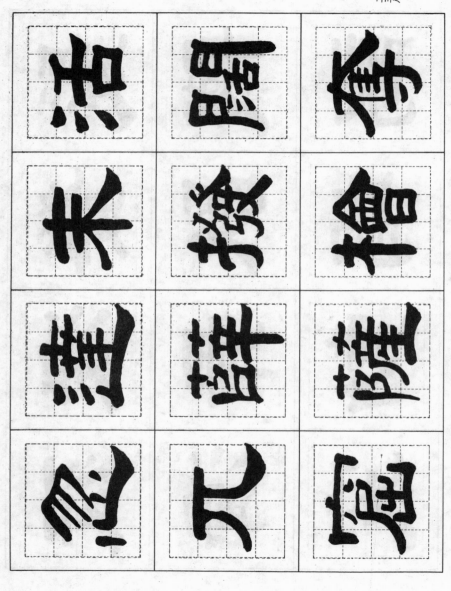

| | | | |
|---|---|---|---|
| 脫 | 八 | 煞 | 舌 |
| 豁 | 察 | 瞎 | 刷 |
| 撮 | 殺 | 刮 | 切 |

| | | | |
|---|---|---|---|
| 竊 | 節 | 缺 | 跌 |
| 結 | 血 | 穴 | 鐵 |
| 潔 | 決 | 耋 | 鉄 |

| | | | |
|---|---|---|---|
| 折 | 揭 | 說 | 劣 |
| 熱 | 雪 | 拙 | 別 |
| 淅 | 絕 | 暈 | 澈 |

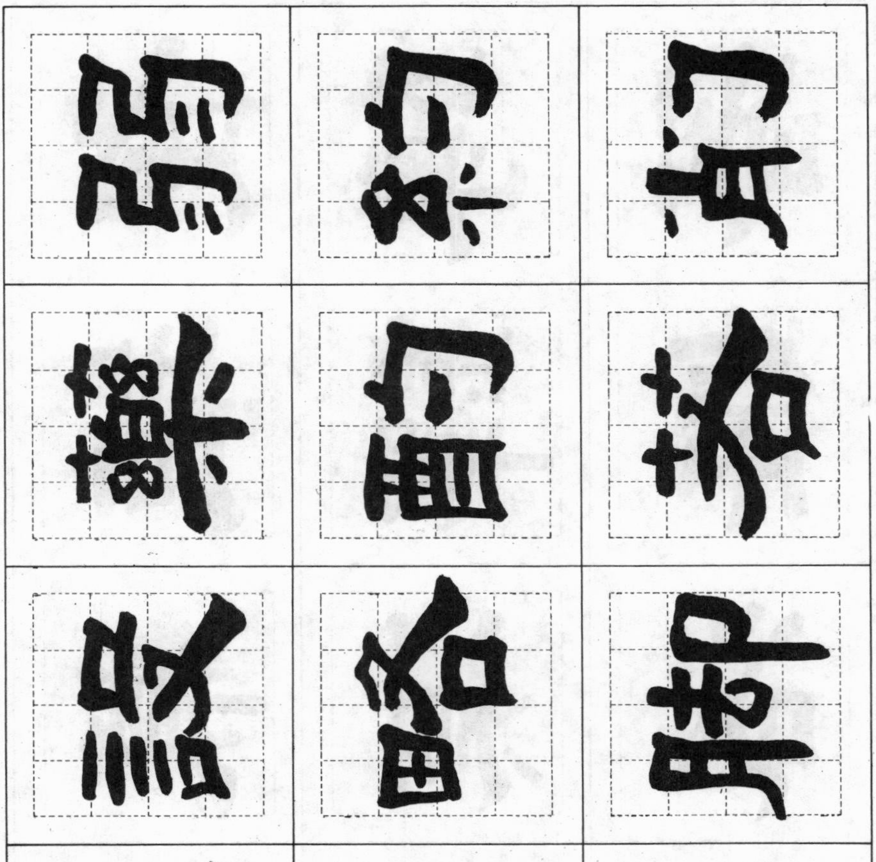

絡樂託

幕漠落

短鐸姓

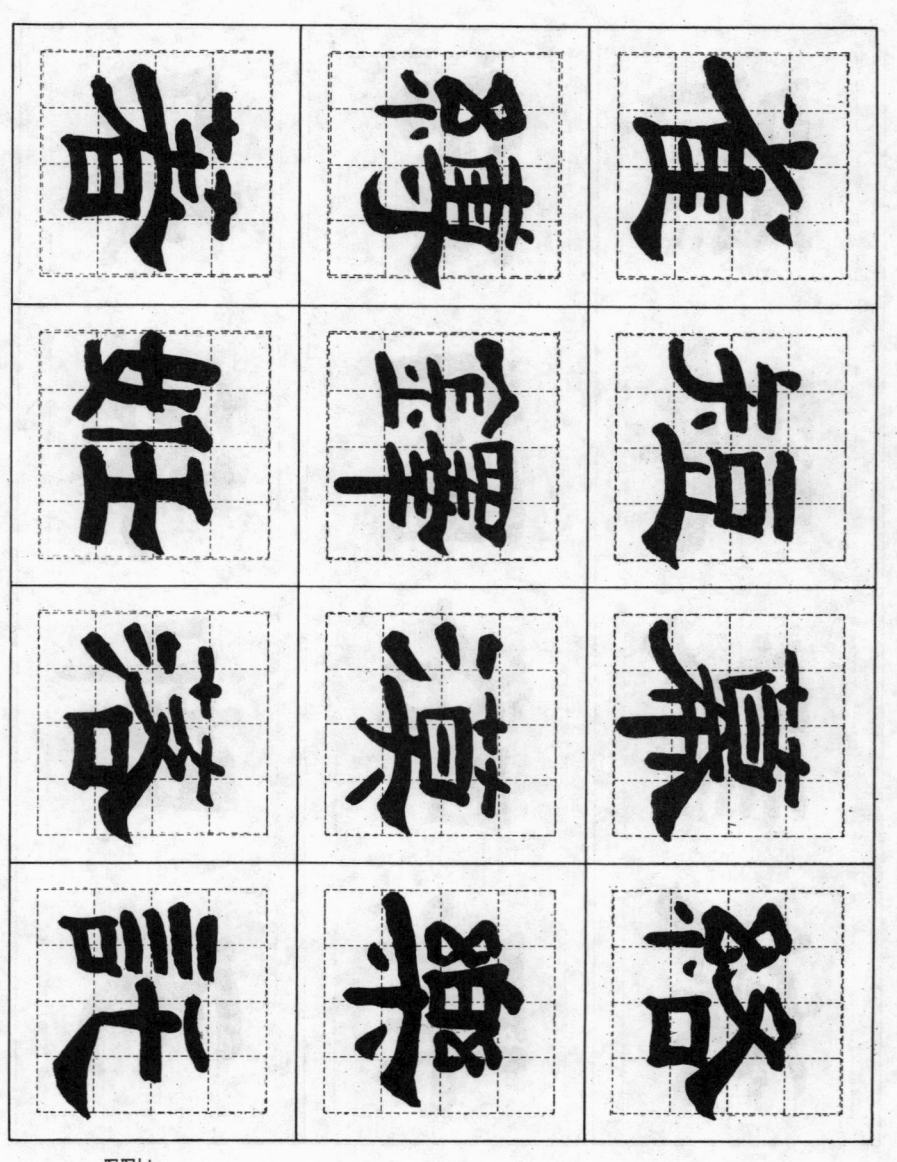

雀縛著

| | | | |
|---|---|---|---|
| 酪 | 格 | 疊 | 索 |
| 鄂 | 魄 | 滔 | 涸 |
| 搏 | 洛 | 薄 | 博 |

| | | | |
|---|---|---|---|
| 鶴 | 諾 | 白 | 廹 |
| 扶 | 霍 | 柏 | 戟 |
| 昨 | 郭 | 皁 | 額 |

客 擇 獲 劃

珀 麥 鈕 責

宅 脈 瑪 策

| | | | |
|---|---|---|---|
| 澤 | 革 | 呆 | 跡 |
| 隔 | 昔 | 涂 | 脊 |
| 摘 | 腊 | 迹 | 疊 |

| | | | |
|---|---|---|---|
| 亦 | 弃 | 液 | 赤 |
| 譯 | 腋 | 適 | 石 |
| 易 | 釋 | 尺 | 隻 |

| | | | |
|---|---|---|---|
| 席 | 役 | 碧 | 激 |
| 夕 | 壁 | 錫 | 擊 |
| 疫 | 汐 | 析 | 歷 |

| | | | |
|---|---|---|---|
| 癖 | 滴 | 敵 | 迪 |
| 曆 | 荻 | 笛 | 績 |
| 的 | 滌 | 狄 | 勣 |

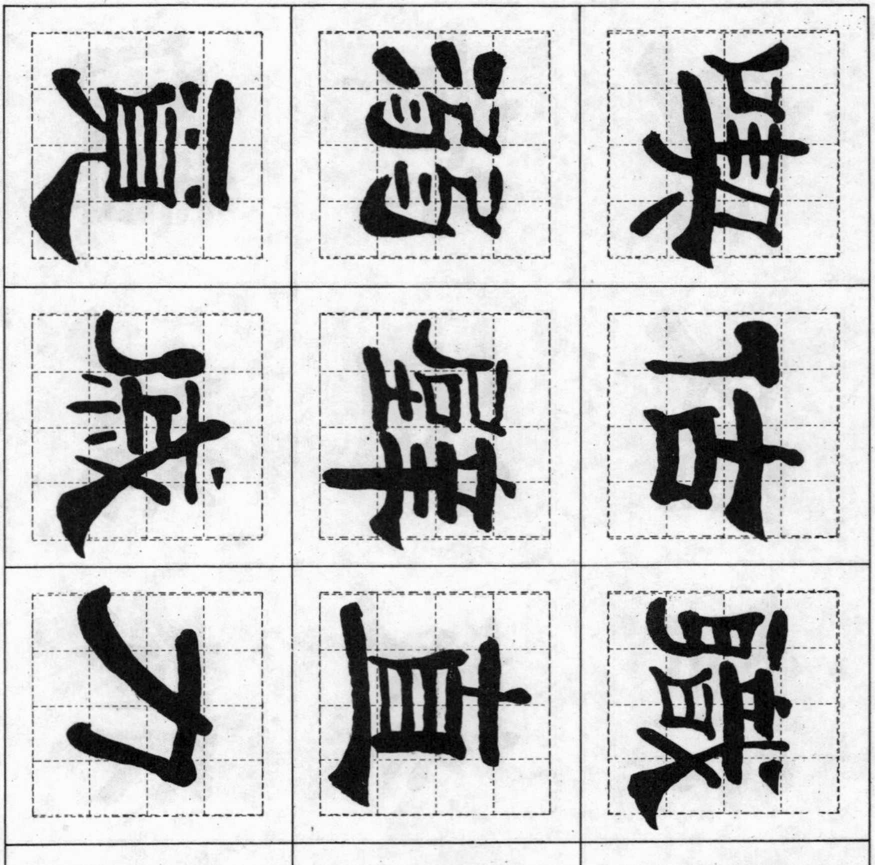

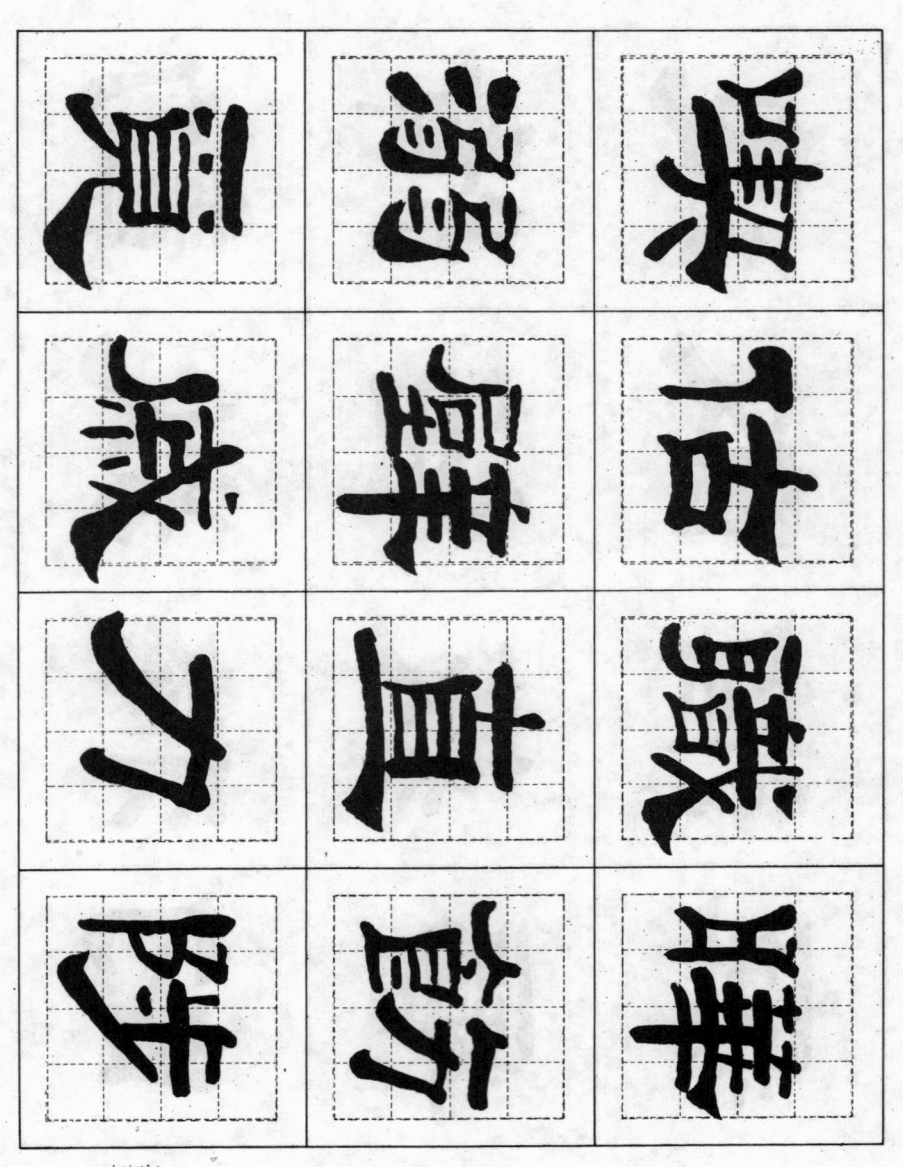

| | | | |
|---|---|---|---|
| 毯 | 蝕 | 醱 | 匿 |
| 食 | 殖 | 飾 | 億 |
| 息 | 式 | 極 | 抑 |

則　得　域　即

勒　側　逼　翼

德　仄　稷　色

| | | | |
|---|---|---|---|
| 克 | 黑 | 塊 | 國 |
| 刻 | 默 | 墨 | 緝 |
| 特 | 賊 | 北 | 十 |

| | | | |
|---|---|---|---|
| 什 | 汁 | 集 | 揖 |
| 拾 | 習 | 輯 | 濕 |
| 執 | 襲 | 廿 | 溼 |

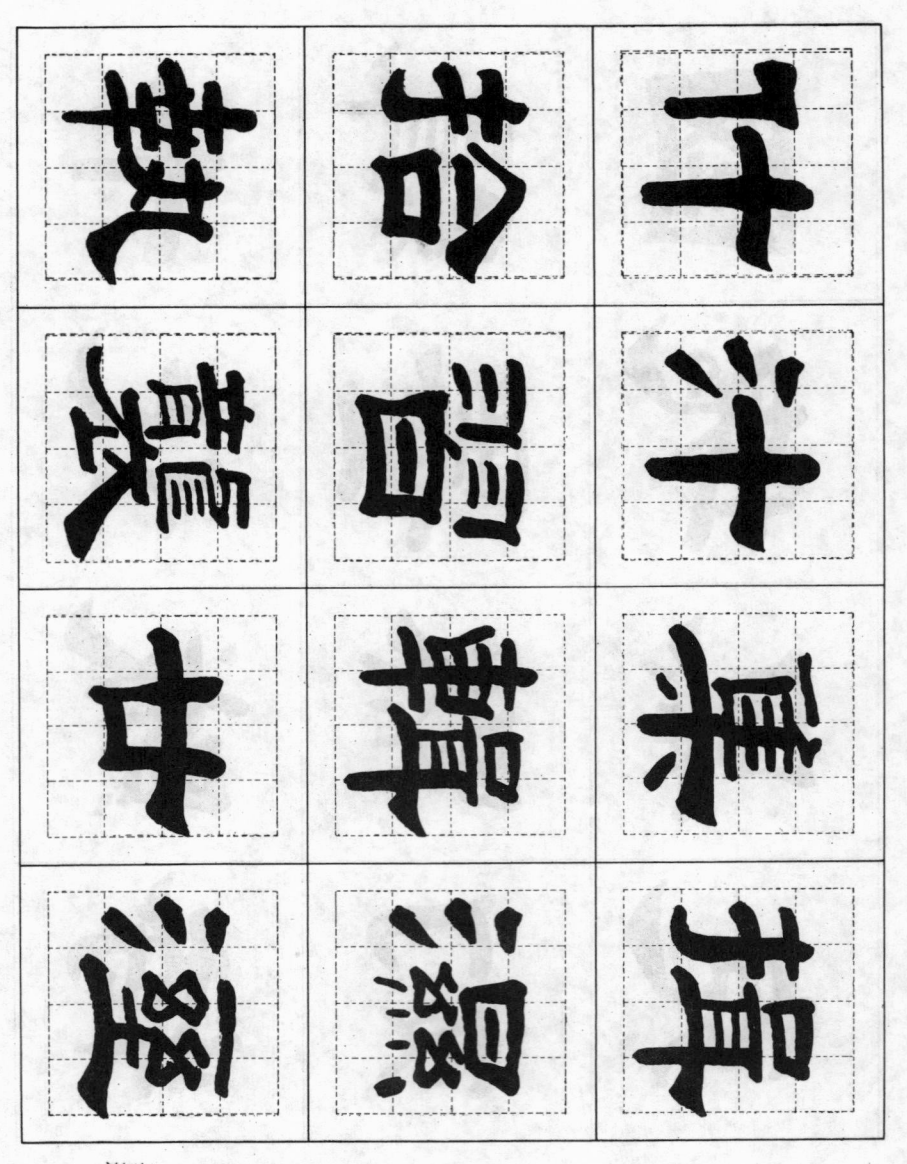

| | | | |
|---|---|---|---|
| 及 | 答 | 雜 | 納 |
| 泣 | 卅 | 匝 | 盍 |
| 閣 | 踏 | 拉 | 臘 |

| | | | |
|---|---|---|---|
| 腊 | 塔 | 葉 | 楫 |
| 蠟 | 閘 | 接 | 攝 |
| 榻 | 鉀 | 睫 | 涉 |

| | | | |
|---|---|---|---|
| 妾 | 靨 | 協 | 輒 |
| 帖 | 耻 | 叶 | 頰 |
| 叔 | 乏 | 狎 | 四 |

| | | | |
|---|---|---|---|
| 勻 | 坵 | 三 | 入 |
| 名 | 之 | 成 | 尼 |
| 羊 | 各 | 孜 | 札 |

| | | | |
|---|---|---|---|
| 忙 | 奶 | 圾 | 部 |
| 托 | 灼 | 邮 | 拂 |
| 孕 | 朴 | 担 | 可 |

| | | | |
|---|---|---|---|
| 加 | 考 | 吋 | 吊 |
| 肉 | 百 | 另 | 伙 |
| 肌 | 阡 | 庄 | 夹 |

| | | | |
|---|---|---|---|
| 或 | 靄 | 罕 | 伊 |
| 抹 | 妊 | 泛 | 佇 |
| 疔 | 忐 | 汰 | 刹 |

| | | | |
|---|---|---|---|
| 玩 | 炒 | 沸 | 洛 |
| 疚 | 沿 | 軋 | 妹 |
| 沽 | 垢 | 忌 | 怎 |

| | | |
|---|---|---|
| 咯 | 厘 | 沫 |
| 挂 | 陀 | 咳 |
| 庫 | 腔 | 芭 |
| 祖 | 蚓 | 華 |

| | | | |
|---|---|---|---|
| 胖 | 枱 | 疤 | 疲 |
| 疥 | 殆 | 潑 | 票 |
| 炸 | 柩 | 畔 | 核 |

| | | | |
|---|---|---|---|
| 殉 | 校 | 座 | 倦 |
| 挫 | 哩 | 俯 | 疴 |
| 效 | 峻 | 哮 | 疸 |

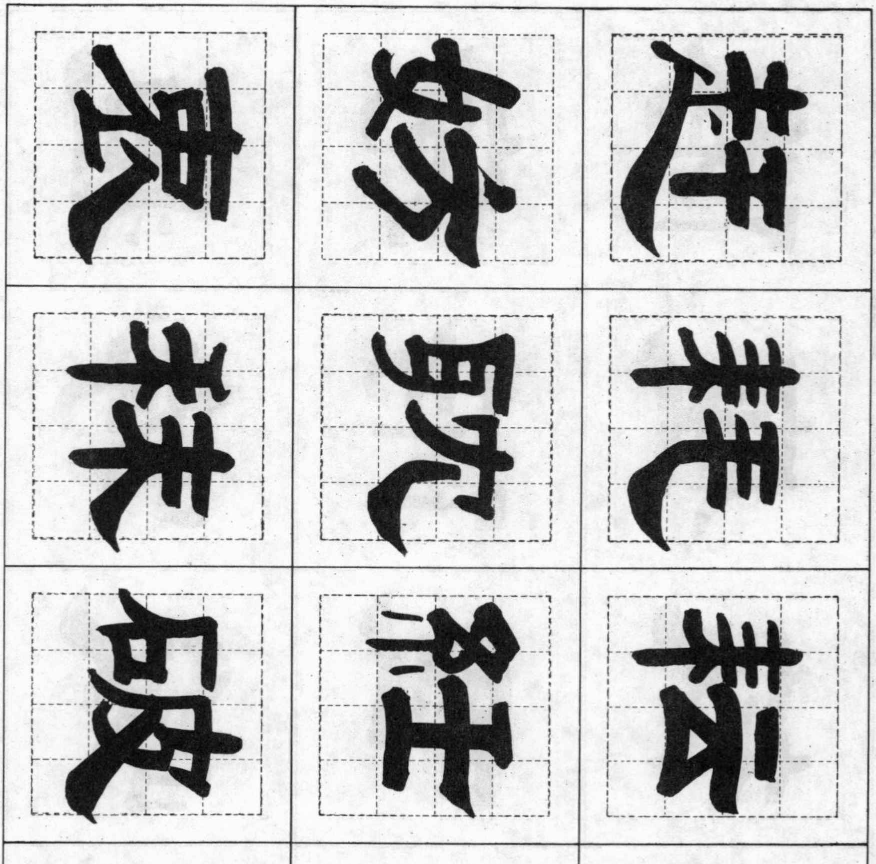

嵜夠奞紬

皆到凱摯

勤都郡紳

| | | | |
|---|---|---|---|
| 舶 | 訓 | 啡 | 琦 |
| 訟 | 酗 | 寓 | 棺 |
| 豚 | 陪 | 琳 | 琵 |

| | | | |
|---|---|---|---|
| 愧 | 焙 | 菁 | 煌 |
| 酢 | 痘 | 溢 | 煉 |
| 於 | 衽 | 湖 | 爺 |

汞補該
瑚葛裙
碗騁腺
獻猿瑤

賬 輔 弊

瘋 蕭 裏

榕 熄 瑯

斡 姆 滾

| | | | |
|---|---|---|---|
| 戮 | 嘴 | 瘧 | 熨 |
| 噌 | 颱 | 磁 | 瑾 |
| 劍 | 飽 | 璋 | 潦 |

| | | | |
|---|---|---|---|
| 潘 | 樞 | 撲 | 鴣 |
| 潑 | 樣 | 概 | 鴨 |
| 毅 | 歎 | 璣 | 塵 |

樑 蕃 鮑 罄

磬 諦 蕙 嶼

穆 闇 蘺 談

| | | | |
|---|---|---|---|
| 濁 | 櫥 | 繳 | 嘖 |
| 濂 | 澡 | 擅 | 麵 |
| 椽 | 樺 | 畺 | 餉 |

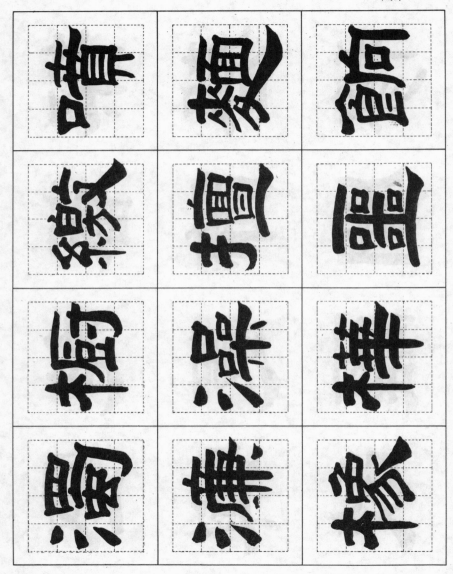

| | | | |
|---|---|---|---|
| 餃 | 霉 | 踢 | 蔓 |
| 駐 | 銳 | 輛 | 薊 |
| 閱 | 鋁 | 締 | 蔚 |

| | | | |
|---|---|---|---|
| 蔬 | 賠 | 蝴 | 褓 |
| 蝦 | 踞 | 誰 | 擦 |
| 衝 | 踪 | 剎 | 檀 |

| | | | |
|---|---|---|---|
| 磯 | 總 | 賺 | 襄 |
| 癌 | 義 | 薦 | 檯 |
| 糙 | 謠 | 檬 | 擺 |

| | | | |
|---|---|---|---|
| 鍛 | 寵 | 譚 | 竇 |
| 蹤 | 贊 | 鶉 | 瀟 |
| 馥 | 瀝 | 懺 | 籍 |

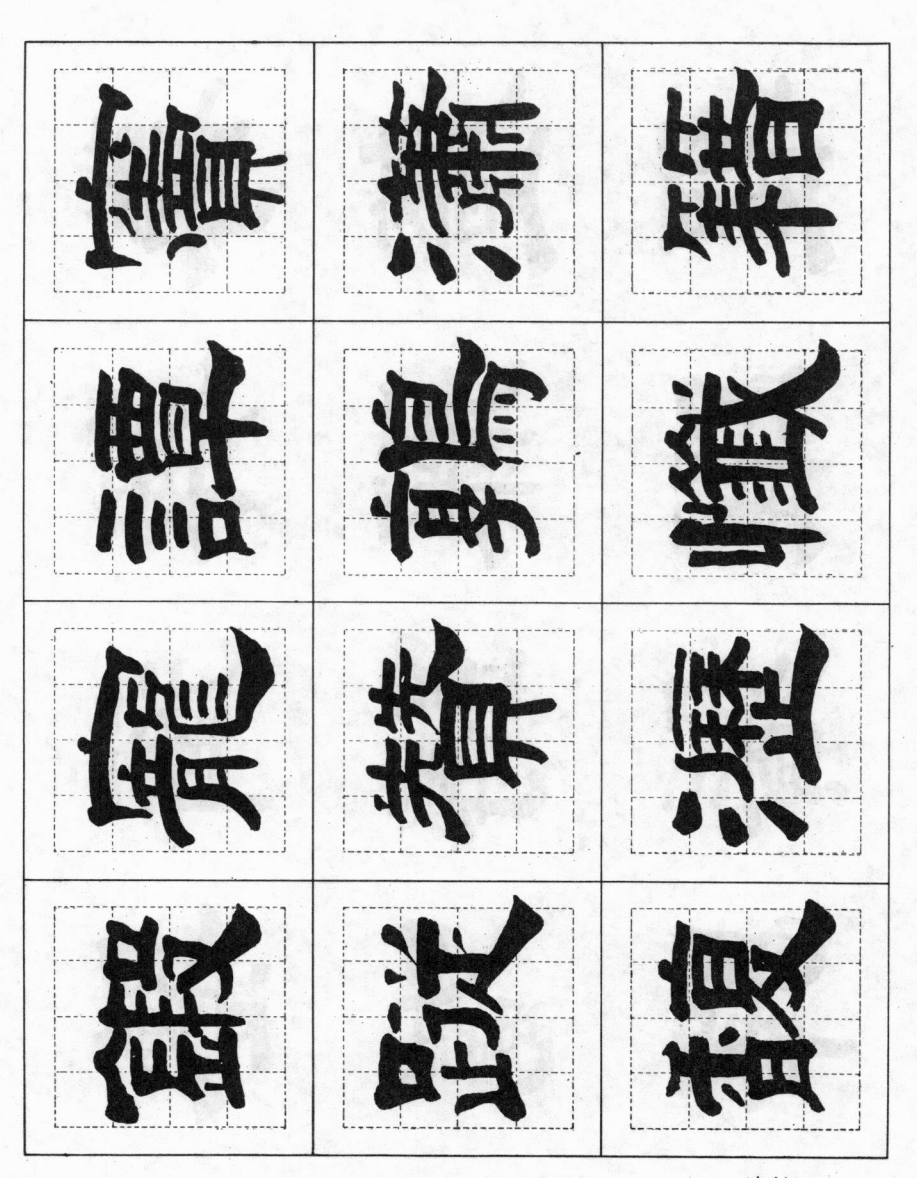

| | | | |
|---|---|---|---|
| 薵 | 薺 | 蘅 | 鑒 |
| 釐 | 藤 | 鑄 | 囑 |
| 瞿 | 躍 | 鬚 | 驛 |

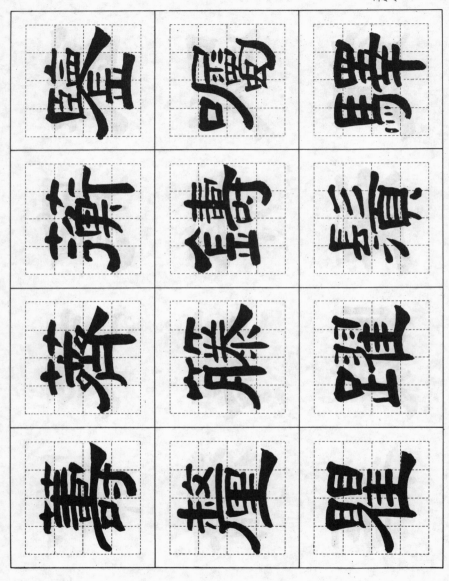

| | | | |
|---|---|---|---|
| 冲 | 佣 | 呎 | 坊 |
| 兇 | 找 | 囤 | 批 |
| 吵 | 拓 | 姊 | 芽 |

| | | | |
|---|---|---|---|
| 坦 | 拌 | 拘 | 泗 |
| 芹 | 秒 | 耐 | 咪 |
| 奕 | 娃 | 挖 | 苔 |

| | | | |
|---|---|---|---|
| 侮 | 俏 | 剋 | 括 |
| 拭 | 皈 | 術 | 祉 |
| 虹 | 迭 | 陌 | 晃 |

| | | | |
|---|---|---|---|
| 航 | 拿 | 併 | 埔 |
| 晒 | 氧 | 烤 | 祠 |
| 窄 | 腆 | 退 | 倆 |

| | | | |
|---|---|---|---|
| 倪 | 屑 | 桔 | 逆 |
| 豹 | 現 | 啤 | 埠 |
| 娼 | 您 | 惟 | 斌 |

| | | | |
|---|---|---|---|
| 款 | 氫 | 研 | 粒 |
| 莩 | 這 | 唾 | 掉 |
| 掠 | 棘 | 棵 | 殼 |

| | | | |
|---|---|---|---|
| 奢 | 媒 | 強 | 握 |
| 氣 | 氦 | 渣 | 猴 |
| 釉 | 猶 | 琛 | 菱 |

| | | | |
|---|---|---|---|
| 瘞 | 硫 | 程 | 萎 |
| 蛙 | 蛔 | 週 | 鈍 |
| 鈣 | 隅 | 罩 | 像 |

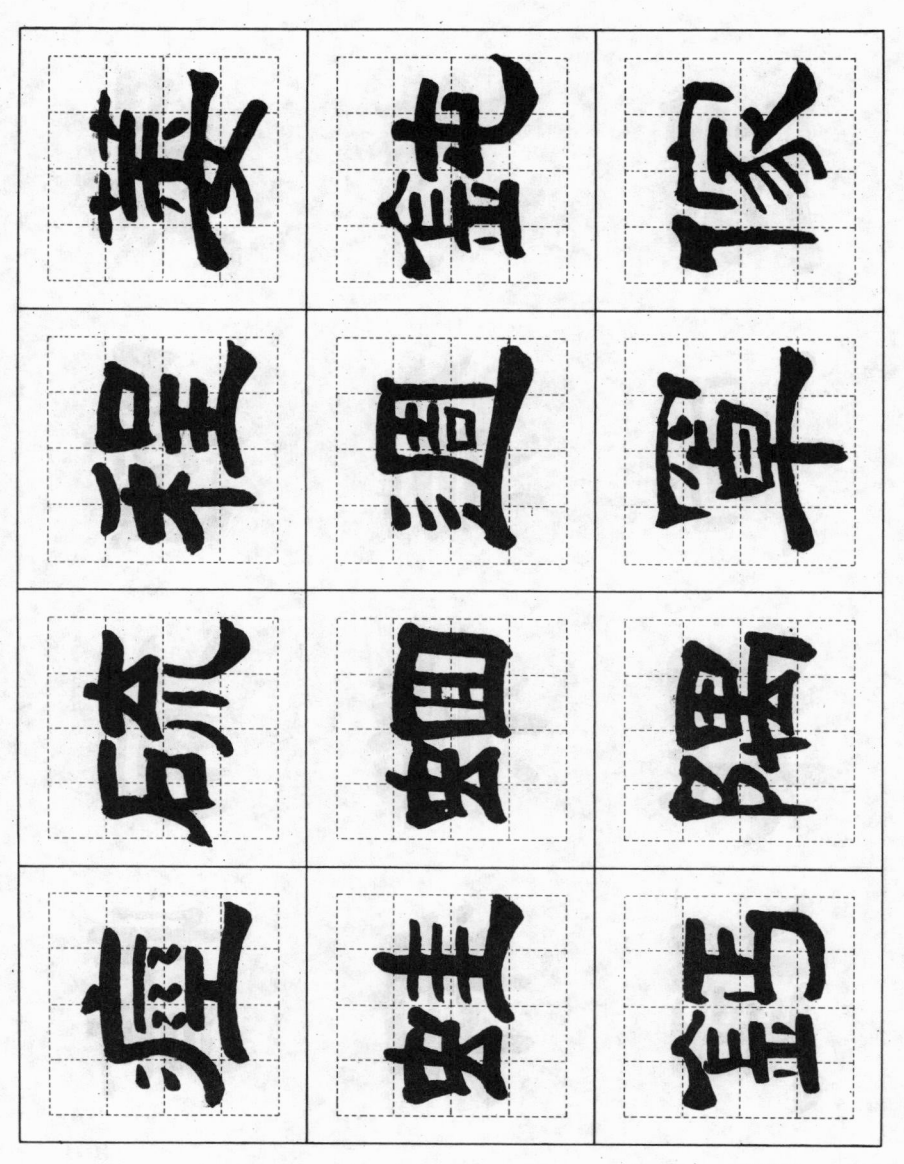

腫 痳 惰

群 業 遍

葷 楨 喇

笠 搾 喊

| | | | |
|---|---|---|---|
| 賂 | 聯 | 較 | 遊 |
| 鉅 | 雌 | 飩 | 馳 |
| 暄 | 僂 | 傻 | 鄲 |

| | | |
|---|---|---|
| 到 | [illegible] | 詞 |
| 吳 | [illegible] | 頑 |
| [illegible] | [illegible] | [illegible] |
| [illegible] | [illegible] | [illegible] |

| | | | |
|---|---|---|---|
| 嘔 | 寨 | 幛 | 慷 |
| 慨 | 摸 | 摔 | 碩 |
| 萁 | 麽 | 隆 | 磅 |

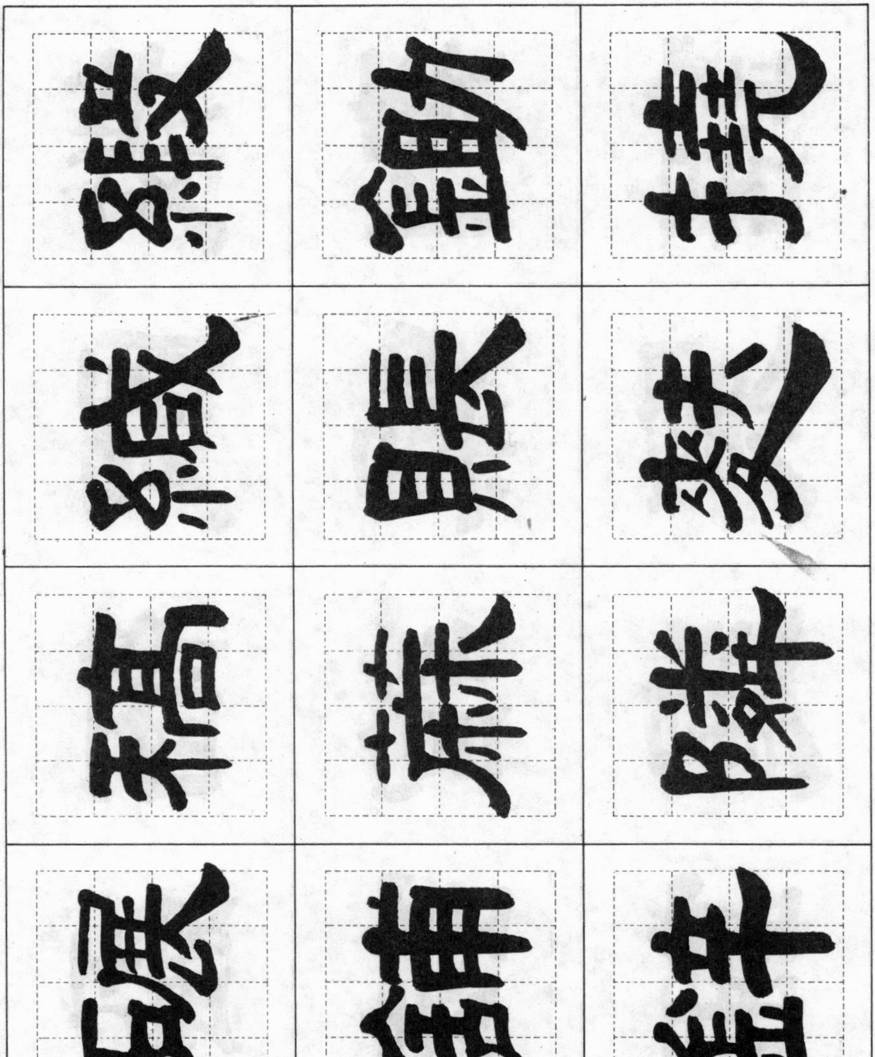

撓 栽 隣 錘

鋤 賬 蕭 鋪

緞 緘 稽 碾

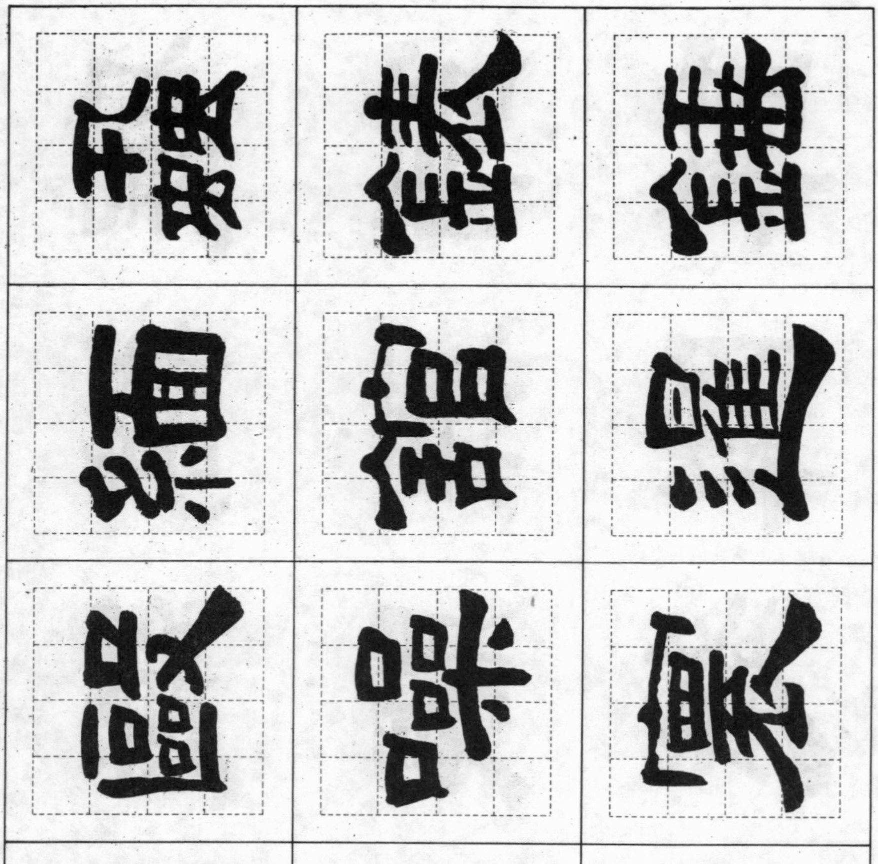

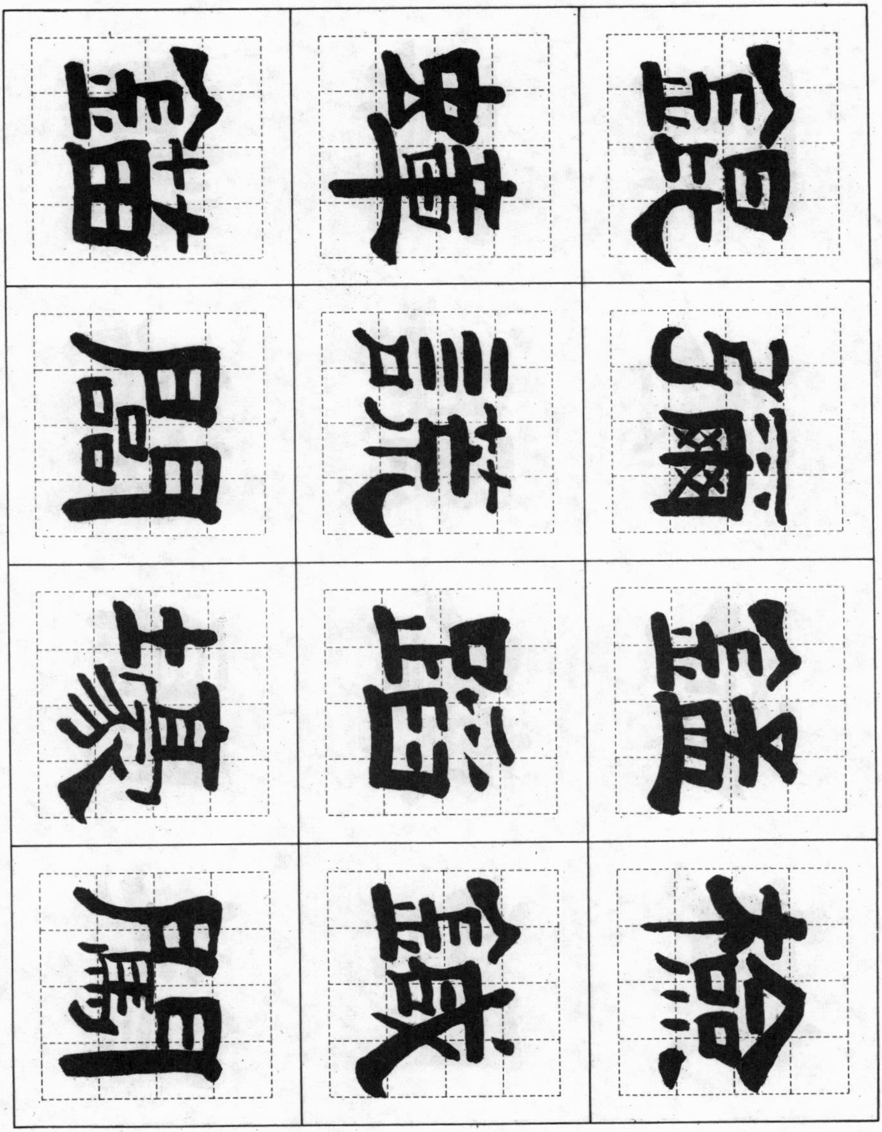

| | | | |
|---|---|---|---|
| 撤 | 薟 | 藩 | 霸 |
| 贈 | 轎 | 醮 | 鏢 |
| 餻 | 騙 | 鵲 | 懶 |

曝　疇　糯　糰

攔　礪　䁾　䁾

饑　囍　巍　龔

壩 鰻 鷹

鑰 鱔 攬

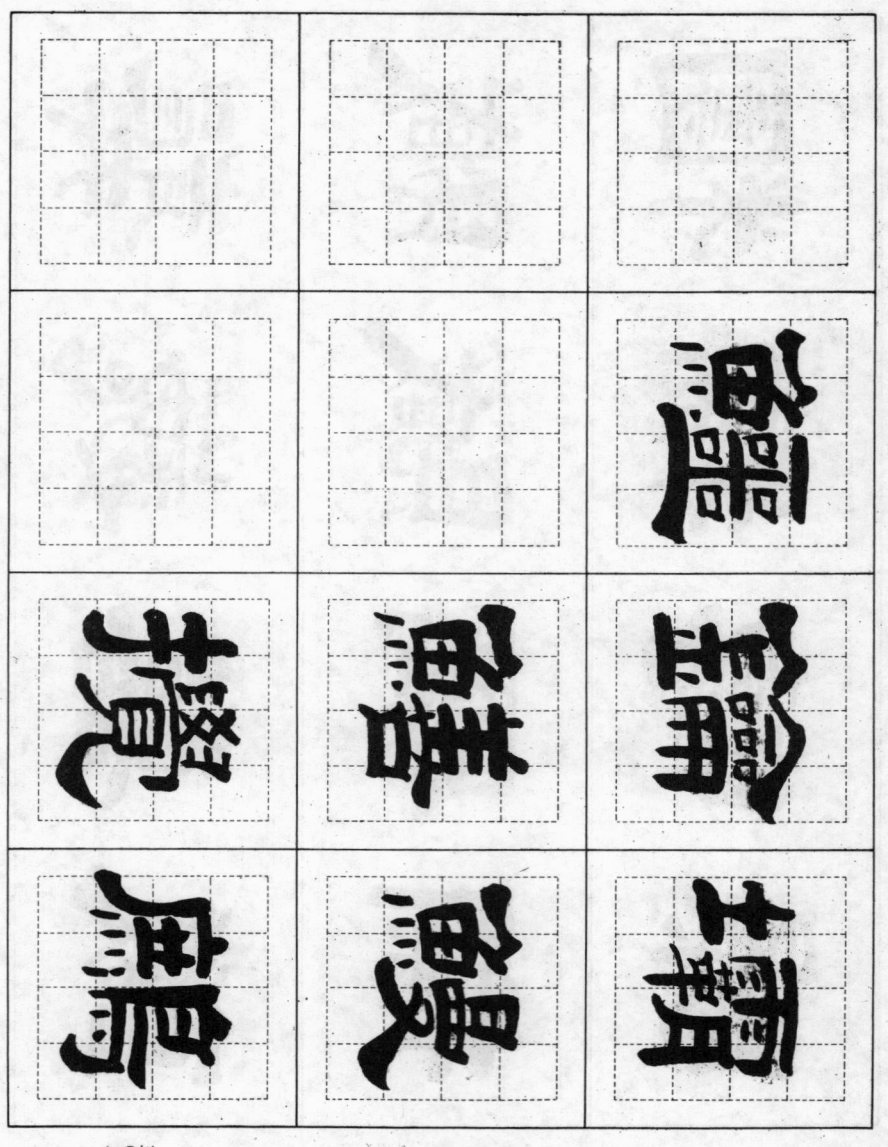

鱷